誰もが人を動かせる！

あなたの人生を変えるリーダーシップ革命

株式会社刀 代表取締役CEO
森岡 毅

日経BP

はじめに　リーダーシップは身につけられる！

〝リーダーシップ〟の身につけ方をこのタイミングで発信しようと思ったきっかけ、それは、この時代が見通しのきかない未曾有の〝コロナ災厄〟になったことです。

多くの人が「この先どうなるのだろう？」と今まで以上に不安に駆られていると思います。しかし本当の未来は、定まった〝運命〟のようなものではなく、先を見通して受け身で我慢するようなものでもありません。「自分が何を欲するのか？」という主役感で創っていくものです。自分の意志と選択次第で未来はいかようにも変わります。だから私は、皆さんに今こそ必要な〝武器〟を配りたい。その〝武器〟はコロナに関係なく、皆さんの充実した未来を切り拓くはずです。

最初に考えていただきたいことがあります。**「特別な人しかリーダーになれない」という子供の頃から刷り込まれた思い込み**は、大人になっても多くの人の中にあるのではないでしょうか？　本書は、その思い込みから目を覚まして、自分の中で**〝主役感あふれる毎日〟**を手に入れる方法を私なりに考えてまとめたものです。

私は、10代の頃からいわゆるRPG（「ドラゴンクエスト」のようなロールプレイングゲーム）をずいぶんとやってきました。多くのRPGのテンプレになっているのは、勇者、戦士、僧侶、そして魔法使いの4人構成です。それぞれに役割があって、戦士は物理攻撃と防御に突出したパーティーの盾、僧侶は仲間を死なせないための回復魔法の専門職、魔法使いは虚弱ですが攻撃呪文で派手に敵を殲滅《せんめつ》します。で、問題は〝勇者〟なのですが、特異な運命を背負って生まれた物語の主人公で、万能型の能力を持ち、そしていつもリーダーです。

でも、私自身は得意と不得意にメリハリ!?のついた凸凹タイプなので、何でもできる〝万能型〟は羨ましいというか、ちょっとムカつくというか、自身のアバターとしてはあまり共感できませんでした。どこかに尖った専門職の方が感情移入できるので、「なんで僧侶が主人公やリーダーじゃいけないの…？」といつも疑問に思っていたのです。今ならそれが商業的に正しいと理解できます（笑）。でも、この疑問は、今この本を書いている動機に底辺で繋がっている気がするのです。

何か特殊な運命や能力、〝特別な人〟だけが「リーダー」になっていくのだという刷り込

み…。私自身もそのように子供時代から何度となく刷り込まれてきました。読者の皆さんも、知らず知らずのうちに何となくそういうものだと思ってしまっているのではないでしょうか？　だって、伝記などで目にしたり聞いたりする「リーダー」は、どう考えても身近な人間に思えないですからね。我々は自分とはあまりに違う特殊な人ばかりをリーダーとして〝学習〟してきたのです。

物語でも、ハリー・ポッターは生き残った〝運命の子〟ですし、アーサー王しかエクスカリバー（剣）は抜けないわけです。歴史的人物を見ても、例えば織田信長のような人物は、その出自も性格も能力も異常としか思えない。近現代の立志伝中の人物も、例えば松下幸之助の伝承は素晴らしすぎて、本当だろうかと疑うほど、自分が真似できそうとはとても思えないのです。

でも、現実をよく考えると、そんな雲の上の話だけではなく、実に身近なところにリーダーシップが必要なシーンがゴロゴロ溢《あふ》れていることに気がつきます。人間は、群れをつくって生活することを好む社会性動物です。人が何人か集まってグループで行動すると、その中に自然な流れとして〝みんなをまとめて指示を出す人〟が現れます。職場にはもちろんいますし、家族で集まっても、他愛のない仲間の集まりであっても、選挙やジャンケンで決めたわけでなくとも、そうなっていきます。なぜなら、そうやって誰かが総意をまとめないとグループ全員で不幸になるから。リーダーシップが求められるのは、グループのより良い存続のためにその〝機能〟がどうしても必要だからです。

リーダーシップの機能を端的に言うと、共同体のために「人を動かすこと」です。グループ全体としてベストに近づくように人々を動かす力。相手に影響力を行使して、その人を動かして共同体の目的を達成する確率を高める力。そしてその能力は、特別な運命や能力を背負った〝勇者〟でなくても、僧侶でも魔法使いでも、魔法が使えない戦士でも「言葉」さえ使えれば発揮できるはずです。

実は、リーダーシップは、専門性に限定されず、本来は**誰もが発揮することができる「職能横断型」のスキル**です。だから、リーダーシップを強くしていくことで、あらゆる職業の人が、それぞれの組織の中でもっと輝くようになります。そして、誰もが主体性を持って充実した毎日を送るために、自分のやりたいことを実現していくために、周囲の人をまとめて動かす能力、つまりリーダーシップを必要としているのです。

では、どうすればもっと人を動かせるようになるのでしょうか？　どうすれば我々はより強いリーダーシップを身につけられるのか？　本書はそれらについて私の考えをまとめたものです。

〝ある経験〟を積むことによって、誰もがリーダーシップ能力を意識的に伸ばすことができる

リーダーシップを執れるかどうかは、要するに自分が一歩前に出る勇気を持てるかどうか、つまり〝荒馬に乗れるか？〟ということです。落馬して大怪我《けが》するかもしれない馬を目の前にして「それでも乗りたいか？　乗れるのか!?」と自問自答をしているようなものです。荒馬に一度乗ってしまうと、振り落とされそうになりながらも、その状況を必死にコントロールして自分の目的地に何とか辿《たど》り着かねばなりません。瞬時の決断力と行動力が必要で、その判断を支えるブレない信念が大切です。そして信念がブレないのは、どうしても成し遂げたいことへの強い欲求があるからです。

実は、リーダーシップの強弱は、〝才能〟よりも、その土台となっている〝欲の強さ〟で

決まっています。その人が、どうしても成し遂げたいことがあるかどうかが、すべての始まりであり、何よりも大切なのです。何が何でも成し遂げたいならば、考えるし、工夫するし、行動します。リーダーシップが身につけられるかどうかの分岐点は、成し遂げたいことを見つけられるか?に、ほとんど懸かっているのです。

いやいや、やはり才能だと思われる人もいるでしょう。欲の強さでさえも才能の一つだと…。

しかし、どんな才能も、その強弱で人々を並べると正規分布しています。才能のバラつきには個人差があるといっても、社会全体としてはなだらかな山型の分散になっていて、一人一人の差異は〝連続〟しているはず。人間である以上は、ほとんどの人が1標準偏差以内の差、つまり一定の幅に収まっているはずです。馬やチーターとあなたの足の速さを比較するのとは違います。同じ人間同士を比べるのに、差があるといっても、そんな2標準偏差や3標準偏差を飛び越えるような圧倒的な差なんて滅多《めった》になくて、ほとんどの人の才能は、実は〝だいたい同じ〟ということです。

そして、私が何よりも確信を持って言いたいのは、他人と比べて才能があるかないかを考えるなんて、自分自身にとっては時間の無駄というか、そんなことを考えて何の意味があるの!?という、実にくだらない、全く意味がないということです。天才のように見える人がいたとして、あるいは自分よりも才能がなさそうに見える人がいたとして、その人と比べて自分の才能の有無を推し量るなんて、その結果から一体どんな前向きな行動が取れるのでしょうか?　相手が上?　自分が上?　で!?　だからどうするのでしょうか!?　まさに愚問中の愚問でしょう。

その愚問の構図は、ダイエットで例えればわかりやすいかもしれません。敢《あ》えて比較してみると、確かに、太りやすい体質、痩せやすい体質、生活習慣、個人差は色々あるでしょう。しかし、他人と比べて自分がどのくらい痩せやすいかをどれだけ考えても1gも痩せませんよね?　それよりも、〝自分が〟どれだけ本気でダイエットを成し遂げたいのか、それをどれだけ自分が強く欲するか?です。その覚悟を固める自分自身の中の精神的な戦いに集中すべきでしょう。だって、どんな個人差があろうとも、シンプルな1つの法則（ダイエットの場合は、摂取カロリーを消費カロリーが上回れば誰でも痩せる）を満たせばよいだけなのです。他人は全く関係ありません。人と比べている暇があったらさっさと運動の一つでもやりましょうという話。それと同じです。

リーダーシップを身につけるのにもシンプルな法則があります。それはある〝特定の経験を積むこと〟です。そのためには、リーダーシップを獲得するための原点である「欲」を強く持たねばならない。まずは本人が痩せたいと強く願わない限り全く成功しないダイエットと、その点でも同じなのです。要するに、自分にとって「やりたいこと」を、どうすれば周囲を巻き込んで、自分が望むカタチへ自分の景色を変えていけるか？ということ。そこにどれだけ執着できるのか？ということです。

もしもそんな「やりたいこと」がなくても「自分の人生はそれでいいねん」と言う人がいれば、それはそれで全く問題はないと思います。それはその人自身が決める問題です。しかし、欲のない人はどうすればよいのか？という問いかけにも本書は全力で応えます。本編で詳述しますが、端的に言うと、**欲のない人はいません**。しかし、それを意識できている明瞭さには個人差があるという話です。

強いリーダーシップ能力の獲得は、目的ではなくてあくまで手段にすぎないはずです。その能力を身につけてあなたは何を達成したいのか？　まずは、その目的（≒欲）を明瞭にすることが大事です。そして、この本を手に取っている以上、あなたにも何らかの欲が必ずあるということ。それは、間違いありません。そんなあなたには、じっくりと自分自身を内省することで「何を欲するか」を明瞭にしていく作業が必要でしょう。身近なこと、自分にとっては大事なこと、そんな中からどんな小さなことでもよいので「やりたいこと」を探すことから始まります。

大丈夫です。その答えは、あなたの中にあります。その最初の一歩を踏み出せるかどうか、すべてはそこから変わります。

私は今まで、国籍や人種の多様性を含めて、実に多くの人々をビジネスの最前線で見てきました。そして私自身も含めて、多くのビジネスパーソンが苦労し、大きく成長・変容しながら、リーダーシップを獲得していく様子をまざまざと見てきました。それらの観察から言えることは、現在は強力なリーダーシップを発揮しているビジネスパーソンでも、その多くが社会人になった当初は、今からは程遠い低レベルであったという事実です。したがって、私は、リーダーシップは育つものだと確信しています。生まれ持った「特徴」に、必要な「経験」と、適した「環境」が合わさると、誰であってもその能力は劇的に成長します。

本書を執筆している目的は、私がこれまでに知り得た、リーダーシップを意図的に伸ばしていくための王道をお伝えすることです。

リーダーシップとは何か？について定義づけた書籍はごまんとありますが、**自分がどうやってリーダーシップを身につけていけばよいのか？ その道筋を明瞭に示した書籍**は非常に少ないです。また、学者や批評家の皆さんがリーダーシップを客観的に論評した書籍もごまんとありますが、壮絶な火中で実際に苦心を積み上げてきた**実務者が、本当に本人の言葉で書き綴った書籍**は極めて稀《まれ》です。さらにその両方の掛け算に耐えられるものとなると、私には見つけることができませんでした。本書の着眼点はそこにあります。

リーダーシップが求められる実際の現場では、理論書に書いてあるような理想的なリーダーシップ行動を頭では正しく〝わかっている〟としても、それに沿った〝正しい〟行動を取ることは、別次元に大きなチャレンジになります。さまざまな制約条件としがらみの中で、不確かな情報しかなくて判断自体を迷う自分自身の精神状態の中で、常に暴れる感情と戦いながら目的のために正しい決断と行動を連続していくことは、〝奇跡〟です。その実践者しかわからない成長過程における苦しみと葛藤の〝手触り〟を追体験していただくことも本書の狙いです。

実は、慣れるまでは、その手触りはとても厄介です。だから多くの人がその先に進めず、受動的な羊のように過ごす日々に埋もれようとします。自分が起点になって、進むべき方向性を示したり、周囲を巻き込んだり、決断を下したり、自分の周囲の世界をより良く変えようとすることは、少なくない個人的なリスクを負うことになるからです。まして、平時ですらなく、経営危機のような共同体のスクランブル状態で、人々をどこかへ方向転換させる負荷は凄《すさ》まじく、経験のある方はおわかりのように、それはまさに全人格を懸けた戦いになります。

私も、例えばUSJ（ユニバーサル・スタジオ・ジャパン）の経営再建の時は、社内的な大反対を押し切ってUSJブランドの刷新を決断し、会社を倒産させるのに十分な投資金額を「ハリー・ポッター」にコミットさせ、本当は内向きでネクラな性格なのにPRパンダまでやってメディアに露出し、究極の対外的なリスクを個人レベルで背負い込みました。あれだけ顔と名前を出して、もしも失敗したら「自分は一体どうなるのだろう?」と、少しでも想像したら眩暈《めまい》で倒れそうになるほどの恐怖と四六時中向き合ったのです。

そんな生活を何年間も続けることを、敢えて選択できるのはなぜだと思いますか?　普通の生物は平穏無事でストレスがより少ない道を好むので、そこまでの個人レベルのリスクは全く見合わない。だから、普通はやらないし、やれないのです。どうしてそんなことをわざわざするのか!?　どうしてできるのか?　不思議に思いませんか?

実は、それができる人は、それまでの経験から〝それに見合う何か〟があることを知っている、ただそれだけのことなのです。リスクやストレス以上の〝やりがい〟があることを、体験的にわかっているのです。幼少期にそれがある人が多いので、もしかして最初の原体験は明瞭に思い出せないかもしれません。しかしその人の脳が深いところでその一つ一つを覚えています。たとえ小さなことでも「確かにこの世界を少しだけ変えた!」という〝手触り〟こそが、すべての始まりになっています。すべてのGreat Leaderと呼ばれる人も、間違いなくそうです。実際に、誰もが小さな体験の積み重ねから始まっています。

そのように、リーダーシップの強い弱いが決まるのにも法則性があります。その法則を知ることによって誰もが、自分なりに強くなるための経験をどう意図的に積み重ねるかという指針を明確にできます。個人的なリスクやしんどさを背負ってでも、己が信じることをやり遂げた先にある全身の毛穴から興奮の針が噴き出すようなあの感激を知っている、そしてそのことを脳が覚えている、だからもっと世界を変えたくなって脳がもっとその感覚を覚えていく、だからもっと大きな挑戦を求めるようになる…。生まれつきの〝勇者〟はいません。そういう〝ある領域の経験〟のループを回している人が、〝荒馬に乗れる〟人になっていくのです。

もしもご自身がその指針を知り、より強いリーダーシップを発揮できる人になりたいのであれば、ぜひともこの本を読んでください。一度しかない人生を、自分自身が「やりたいこと」を実現させる人生への大きなシフトチェンジになるはずです。

この本が少しでも多くの気づきを読者の皆さんにもたらし、一人一人のキャリアや生きていく意味がより明確になっていくこと、そしてリーダーシップを活性化させる皆さんの力で、この日本がより豊かな社会へ近づくことを祈念しています。

森岡　毅

株式会社刀　代表取締役CEO

CONTENTS

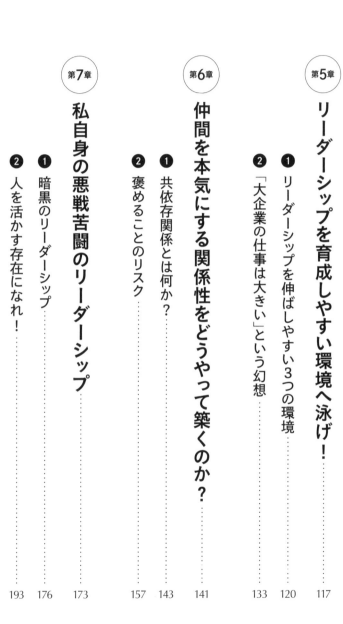

第1章

リーダーシップは〝特別な人〟の能力ではない

リーダーシップの本質は、「人を動かす力」だ。そして「人を動かす力」は、誰もが身につけることができる「後天的なスキル」である。そしてその力を強くしていくほど、あなたの人生は劇的に前向きになり、意欲と興奮に溢れた〝自分の人生〟を歩めるようになる。そのためのコツはどこにあるのか？　リーダーシップが強い人と弱い人では、一体何が決定的に違うのか？　冒頭となる本章では、それらの骨格となる考え方について述べたいと思います。

1 それは生まれつきではなく、意識して、身につける力である

「彼は生まれながらのリーダーだ……」。読者の皆さんは、このように称賛される人物に身近に出会ったことはありますか？　この社会には、確かに人々が集まると自然に人望を集め、気がつくと彼／彼女の言うことに周囲が従うような空気を創り出す、信頼の求心力として一目置かれる人がいます。そのような人は、少なからず幼少期からそのリーダーシップ気質が発現し、学校でも、その後の社会人生活でも、周囲に対して影響力を及ぼして共同体を統率する役割を担って活躍するものです。

まず、皆さんに知っておいていただきたいことがあります。それは、ビジネスパーソンは能力の特徴によって、大きく3つの属性に分類できるということです。具体的には、T型（Thinking：思考力を強みとする人）、C型（Communication：伝える力や人々と繋《つな》がる力を強みとする人）、L型（Leadership：人々を統率して動かす力を強みとする人）の3分類です。多くの人は、そのどれか1つに特徴が偏ります。考える力で生きていくTの人や、社

交性に優れたCの人がいますし、それこそ人を動かす力に優れたLの人もいます。あるいは私のように2つ（TとL）に偏って、1つ（C）に弱点を持つ人など、千差万別のパターンがあります。あなたの属性の見極め方は25ページに簡単にまとめています。

生まれながらのリーダーに思える人は、最も希少なL（リーダーシップ）属性の人です。L属性の人は目的思考が強く、しかもその目的意識が常に自分一人の内側に留まらず、興味が自分の共同体やその外の世界へと拡がっています。言い換えれば、このタイプの人は、「やりたいこと」や「やるべきこと」が明確で、自分の中で閉じずにコミュニティーに対してやりたいことが発生し、現状がそのラインに達していないことに対して問題意識を強く持つ性質があります。「～せねば」や「～すべき」という主張が強く、そんな状況を「放っておけない」気質の人ですね。まず、例外なく何らかの欲求が人並み外れて強く、正義感が強く、他人や共同体に関心が強く、達すべき目的に対してそうなっていないことに「危機感」や「怒り」までが募るタイプの人です。

したがって、その「目的思考」から生み出される情緒的な衝動をエネルギーにして、何か変化を起こす際に背負うことになる個人的なリスクへの恐怖を容易に越えていけるのです。個人的なリスクとは、人々に反対されるとか、言い出しっぺになると手間暇がかかって大変に

自分の「強み」を知るための3つの属性

T型	C型	L型
(Thinking)	(Communication)	(Leadership)
思考力を強みとする人	伝える力や人と繋がる力を強みとする人	人々を統率して動かす力を強みとする人

あなたの属性の見極め方

①付箋に、今まで自分が好きだった「〜すること」を書き出していく。名詞ではなく「動詞」であることがポイント。動詞は重複してもOK

↓

②最低50個、できれば100個書けたら、左上に「T」「C」「L」「それ以外」と明記した紙に、書いた付箋を貼っていく

例)

「T」→「考えることが好き」「戦略ゲームで遊ぶことが好き」「問題を解くのが好き」

「C」→「人と会うことが好き」「SNSで人と繋がるのが好き」「飲み会やパーティーなど人の集まりが好き」

「L」→「世話を焼くのが好き」「自分で何かを決めることが好き」「人に夢を語ることが好き」

「それ以外」→「寝ることが好き」「食べることが好き」

↓

③一番多く貼られた型が、あなたの属性を表している可能性が高い

※拙著『苦しかったときの話をしようか』(ダイヤモンド社)では、あなたの「T」「C」「L」属性を見極めたうえでそれをキャリアにどう生かすのか、キャリア戦略のつくり方について具体的なノウハウを詳述しています。参照して、ご自身が意識して磨くべき「宝物≒あなたの特徴」をぜひとも見つけてください

なるとか、失敗したり間違っていたら人々から責められるとか、L属性の人でなければ普通は重くて避けたくなるものです。しかし、Lの人は使命感と〝情緒的な衝動〟が強いために、それらの〝コスト〟を乗り越えて外の世界に対して「影響力」を行使したくなるのです。

例えば私の妻は、他人に対して厳しいことを言ったり、強く出たりすることが非常に苦手です。その心理的抵抗（相手を困らせるのが嫌、反撃されると嫌、そもそも人との摩擦自体が嫌）を乗り越えるには、相手に対してよほど怒っていないと難しいようです。相手に下手に出られると強く言えないが、相手に対して「怒り」を感じるならば言えなくもない。**人間は、ある欲求が満たされない時、「怒り」などの強い情緒的衝動が起こり、精神的な〝コスト〟を乗り越えて他人に対して強い影響力を行使することができる**のです。温厚な性格の彼女でも「欲がエネルギー源」であり、持っている構造は実は怒りっぽい人と同じなのです。L属性の人が周囲に不思議と関与して影響力を行使したがるのは、いつも「怒っている」ような状態だからと言えばわかりやすいでしょうか？　自分が「こうあるべき」と信じる理想状態と現実のギャップに対して〝欲求不満〟であり、そのギャップを埋めたい衝動に常に駆られているのです。

読者の皆さんは、そういうL属性の特徴を備えた人が、生まれつきリーダーとして特殊な才能を持っていて、そうでない人は強いリーダーにはなれないと考えていませんか？ 私も社会人になりたての頃は、そのように考えていました。しかし私は第一線のビジネスパーソンをたくさん見てきて、あるいは何百人と直接関わって指導させていただいた人たちのケースを実体験して、実はそうではないと確信を持つようになりました。L属性ではなく、リーダーシップが取り立てて強くはなかった人でも、〝あること〟に気づきさえすれば、そして本人が〝ある経験〟を積むことに本気になれば、そこから身につけることができたケースを幾つも見てきました。そしてL属性の人であっても、リーダーシップは意識して必死で磨かないと光らないことは、自身の実体験を含めて多くの人のケースから知っています。つまり、**リーダーシップは、生まれつきの特徴で決まっているのではなく、本人が意識して経験することで後天的に育つもの**なのです。

実は、どんな人でも追い込まれると、強い弱いはありながらも、本人なりにリーダーシップを発揮し始めます。ビジネスチームにおいても「自分がやるしかない！」と本気で思えば、たいていの人が周囲への統率行動を始めます。また、日ごろは気弱な父親でも、凶暴なグリズリーに小屋の中に踏み込まれれば、半狂乱でバケツや素手でも熊と向き合って家族を必死で守ろうとするものです。後に詳述しますが、リーダーシップとは、共同体のメリットのために個としてのリスクやコストが常に伴うものです。動物でいうところでは非常に珍しい

「利他行動」の一つであり、個の保全を最優先する本能にそもそも反しています。百歩譲って、自分の子供を守るために熊と戦うことはできたとしても、遺伝子の繋がっていない他人や、まして職場や会社のために、自己保存をリスクに晒《さら》すことは難しいと誰もが想像できるでしょう。

したがって、**リーダーシップ行動を定着させられるかは、そうすることが自己保存のマイナスで終わるのではなく、自己保存にとって何らかのプラスに働くという脳内回路を、どれだけ多くの成功体験を獲得して定着させられるか？ということに懸かっている**のです。そのために意識されたトレーニングと、そうやってリーダーシップを執ることがむしろ自己保存に繋がる（本人の欲求がより強く満たされる）という成功体験による刷り込みで、人はより強力なリーダーへと育っていくのです。

もちろんL属性の人は有利です。L属性の人は、生まれながらの欲求の焦点が、社会的達成感（自己実現欲求）や社会的称賛（承認欲求）に強く偏っています。したがって、そうでない人に比べて、自己保存の本能との矛盾がもともと少ない、あるいはリーダーシップ行動を執ることがむしろ彼らの頭の中では自己保存をプラス方向で満たすための手段になっているのです。わかりやすく言えば、みんなのために行動できる人だと思われたい、自分自身でもそう思える自分になりたい願望が、彼らの強い欲求になっているのです。

だから、子供の頃からそういう行動を取り続け、多少のリスクは冒しても本人にとっては最終的に自己保存にプラスになる成功体験を自然により多く積んでいくのです。つまりL属性の人は、生まれつきの特徴の差そのものよりも、その独特の欲求ゆえに、リーダーシップを発揮する経験を相対的に多く積む〝確率〟が顕著に高いだけではないか？　であれば、**結果としての〝経験の違い〟にすぎず、つまり後天的なトレーニングの質と量の違いによる影響の方が因果関係が大きいのではないか？**と私は考えるようになりました。トレーニングの差であれば、L属性の人が積んでいく経験を分析すれば、それ以外の人もエッセンスを再現することで、自分なりに身につけられる領域は少なくないはずです。

ヴァイオリンが上達する過程と構造は似ていると思います。素晴らしいヴァイオリニストは生まれ持った才能はもちろん、ヴァイオリニストとして大成するための特徴を備えているのでしょうが、それだけでヴァイオリンが素晴らしく弾けるようにはならないのです。後天的な経験値の方が圧倒的に大きなファクターになっています。そもそもヴァイオリンの存在に気づき、それをモティベーションにするための何らかの成功体験を持ち、優秀な指導者と出会い、それはもう途方もないほどの時間と精力で磨き続けた演奏を我々は聴いて、「素晴らしいヴァイオリンのスキル」として認識しているのです。**生まれながらのヴァイオリニストなんていない**という話です。そのあまりにも〝泥臭い〟過程を知らず、想像すらできない凡人は、彼らは生まれつき特殊才能を持った「天才」として自分とは別次元に区別しているだけではないでしょうか？　もしかして〝完全に別物〟にしておかないと、この世界のあらゆるジャンルにおいて、比較すると劣等感でこちらが耐えられなくなるからでは？　超一流の人々の正体は、〝泥臭い努力を継続できる人〟で間違いないと私は確信しています。

そして、**本気で練習して〝経験を継続する〟ことさえできれば、誰もがヴァイオリンをそれなりに弾けるようになる事実、これが重要**です。もちろん、素晴らしいヴァイオリニストになれるかどうかは、その人がもともと持っている特徴と経験の掛け算による相対比較ですので何とも保証はしかねます。しかし、ちゃんと習ってちゃんと練習を続ければ、どんな人でもそれなりに弾けるようにはなるのです。少なくとも才能だけは天才だけれども後天的な訓練を全くしていない人よりは、確実にマシに弾けるようになるはずです。つまり「才能∧経験」という法則がここでも当てはまっています。30代から始めて実際に10年以上ヴァイオリンを練習してきた私が言うのだから間違いありません（笑）。

リーダーシップも同じことです。ヴァイオリンと同様に、**リーダーシップ・スキルも意識**

的な経験を求めて泥臭く積み重ねることで、誰もが自分なりに発揮できるようになると私は申し上げているのです。実際にそうやって多くの人がリーダーシップを身につけていくのを見てきた私が言うのだから、これも間違いありません。ただし、何を意識して、どう経験を積むのか?ということが重要です。そこには戦略が要ります。

私は、L属性の人が辿るリーダーシップ経験を有利に積んでいく構造を分析し、その構造の要点をコピーすることで、T属性ならT属性なりの強みを活かしたリーダーシップのスタイルを、C属性ならばC属性ならではの強みを活かしたリーダーシップのスタイルを確立させることができるのではないか?と考えました。そして改めて、自分自身のケース、多くの仲間(一般的には〝部下〟という呼称になりますが私は上司・部下という言葉が嫌いです)たちのケースなど、過去の膨大な濃いインタラクションを深く思い起こしてみました。さらに周囲にいるリーダーシップの強い人をよくよく分析してみると、もともとL属性の人ではない強いリーダーがゴロゴロ実在することを確認したのです。またL属性の人も、自身が目指すスタイルを意識して経験を積むことで、より強いリーダーへと激変することができます(それについては第7章で私の黒歴史として詳述します)。

考えてみれば、「ヴァイオリンを習おう!」と思う子供はいても、「リーダーシップを習おう！」と思う子供は、いないわけです。そういうオプションどころか、発想すらないですよね。社会構造としてそうなっていませんし、後天的に身につけることができるという認識すらありません。だから、学校や部活動などの集団行動において、たまたまそれを身につける特徴に合った子供だけが、あるいはそのことに気づく偶然に恵まれた子供だけが、経験値を貯め続けて独占しているのがリーダーシップ・スキルです。これはすべてに当てはまりますが、どんなスキルでも強みでも、身につけることを明瞭に意識しないと磨くことすらできないのです。

それってちょっと不公平に思えませんか？　リーダーシップは社会でこれだけ求められているのに？　身につければ、物凄《すご》い経済的リターンも期待できるのに？　需要が桁違いに大きい分、ヴァイオリンを習うよりも経済的リターンは遥かに大きくなるだろうと、思わずその期待値の差を計算してしまうのは私だけでしょうか（笑）。日本社会に最高レベルのヴァイオリニストが1万人もいたら需要を奪い合うでしょうが、強いリーダーシップを発揮する人間は100万人いてもまだ足りないと私は思っています。

そういうわけで、私は、リーダーシップとはL属性の人だけが強く発揮するものではなく、**本人が意識してその力を育成する過程にコミットする限りは、誰でも伸ばすことができる「後**

天的な技術」であると、今ではそう信じるようになりました。正確に書くと、リーダーシップの成功体験を蓄積しやすい有利な特徴を持った人はいるが、生まれつきのリーダーなんていない、いずれにしても後天的に育つものです。どんな生まれつきの特徴があろうと、その特徴を活かしたリーダーシップのスタイルをつくっていけばよいということです。少なくとも私はそう確信しています。

2 「T型」と「C型」のリーダーシップ

リーダーシップのスタイルとして、L型以外にも、T属性やC属性がどのようなリーダーになり得るか、明確なイメージを持っていただきましょう。

誰にとっても大切なことは、自分が持って生まれた特徴をしっかりと理解して、自身の強みを活かしながら伸ばしてキャリアを切り拓いていくことです。そしてこの属性分類は、一人の中の相対的な能力の比較であって、他人との比較では決してありません。自分がTの人なのか、Cの人なのか、Lの人なのか？　どの属性であったとしても、どの属性の人が優れているとか、属性を比べて上下だとか、そのような優劣もありません。ただ自分の属性を知り、その特徴が強みになる環境（職能や職場）へ泳いで、自分らしさを強みに変えて集中的に伸ばしていく…。

さて、本書のテーマであるリーダーシップの獲得については、L属性の人がやはり有利です。L属性の人は、周囲の状況や人々を自分の思い通りにしたいという「欲」がもともと強く、その多くが幼少期の原体験をきっかけにして「〝外向きの欲〟に従って素直に行動すると得をする」という成功体験を積み重ねてきた人です（「欲」はリーダーシップを語るうえでとても重要な概念です。詳しくは、第2章で後述します）。先述してきたリーダーシップ経験を貯めていくサイクルが既に回っているのです。こういうL属性の人は、既に出来ているその構造に、どれだけ質的かつ量的により良い経験（挑戦）を喰わせることを意識するか？という勝ち筋を考えるのが定石となります。

次に焦点を当てておきたいのは、L属性ではない人、つまりT属性やC属性の人がどのようなリーダーシップを発揮できるようになるのか？という〝完成イメージ〟の共有と、そのために意識しておくべきことを私なりに言及しておきたいと思います。

T型のリーダーシップ

まず、T属性のリーダーについて。結論から入りますと、T属性の優れたリーダーはたくさんおり、素晴らしいT型リーダーに共通しているのは、Tの人特有の〝慎重さの重力〟を脱するのに十分な強い「欲」を持っていることです。

T属性の人は、考えることが大好きで、行動するよりもまずは考えます。自己保存本能が強く、ストレスを避けたい度合いも強く、そのためにあれこれ考える人が多いのです。登りたい山を見ても、とりあえず登ることは決してしません。行動する前にリスクをあれこれ考えて、むしろ登らないことが多いのがこのTの人の特徴であり、その慎重さは状況によって強みにも弱みにもなります。対照的に、L属性の人は気がついたらもう登り始めており、T属性の人が予見して登ることを諦めたさまざまなリスクを、現場で何とか乗り越えて頂上まで登ってしまう人が多い。決定的な違いがその「行動力」にあります。

T属性の人が、リーダーシップ経験の貯めやすさという観点で、実は最も遠い特徴だという理解は大切です。**失敗を過度に恐れるあまり行動力が極端に足りないというパターン**は、私の所感ではTの人の大半を占めている気がします。したがって、T属性の人が優れたリーダーになるためには、そのリスク回避思考の重力から、自身の決断力と行動力で意識的に脱出できるようになる必要があります。

そのためにどうするか？　T属性でもある私の経験としては、2つのことを明瞭に自覚して歩いていくことだと考えています。まず、その〝慎重さの重力〟を突破するのに十分に強い**「欲」の対象を見つける**こと。そして、**メンタルをストレスに慣らす覚悟を固める**こと。

T属性の人が、強力なリーダーになるチケットを手に入れられるのは、どうしても成し遂げたいことが見つかった時です。かつてのUSJの社長だったグレン・ガンペル氏は、強烈なTの人でした。凄まじく頭がキレる人であり、慎重さをもはや通り越して極端に〝ネガティブ〟に物事を視る人でした。しかし、そんな極端なT属性の彼にも、どうしても成し遂げたい「USJを再建する」という目的意識は常に頑強で明確だったのです。したがって彼は、私が次々とゴリ押しするハイリスクな提案にも、あれだけ悲観的な彼ならではの〝尋常ならざる葛藤〟があるにもかかわらず、最後は決断し実行し続ける胆力を持ち合わせていました。あの強烈なネガティブ思考をも超えるほど強い〝成し遂げたいことへの欲求〟が、彼を極めて優れたリーダーにしていたのです。

また、「刀」の創業パートナーである森本咲子さんもT属性の人ですが、今は刀屈指の強力なリーダーシップを発揮されています。彼女はP&G[*1]時代の私の1年上の先輩で、私がずっと苦労してきた質的に消費者を洞察していく能力に突出した世界屈指のプロダクトマーケター（商品開発、コンセプト、ブランドエクイティの設計）で、「ＳＫ－Ⅱ」という化粧品を大きくした実績を持つ人です。私がＵＳＪに入社してから2年後に、まだＰ＆Ｇにいた森本さんをストーカーのように追い回してＵＳＪに来てもらいました。マーケティング領域において、彼女の強みと、分析力や戦略構築を得意とする私が背中を合わせれば、描いた大戦略を実現していく極めて強力な組み合わせだと確信していたからです。２０１２年からＵＳＪに加わった森本さんには、ゲスト体験をどう創り上げていくかという重大責任をお任せし、絶大なリーダーシップ力を発揮してくれました。

その森本さんは、実はもともと、とても温厚で柔らかいＴの人です。Ｐ＆Ｇの中によくいる（かつての私のような）リーダーシップ！リーダーシップ!!と妙に肩肘を張ったゴリゴリのＬタイプでは決してありません。ご本人の述懐によると、どちらかというと、もともとストレス耐性の強さで生きていくタイプではないと感じていたので、周囲との激しい摩擦や決断力を要求されるリーダーシップ領域よりも、Thinking（思考力）を武器にして消費者のことを深く考えて価値を創り出すことに情熱を傾け、私よりも長いＰ＆Ｇ時代を過ごされていたそうです。

それがＵＳＪに来てゲスト体験を自らリードして創るわけですから、マーケティングのみならずクリエイティブから運営までを巻き込んだ大きな組織と重大責任を抱えることになった。その経験をきっかけに、消費者のために感動を創り出す人々を動かす実体験を猛烈に蓄積しながら、彼女の奥底で大きな変化が起こったそうです。「消費者のために本気で考えて何かを成し遂げようとする人々を、何としても自分が助けたい」という、ご自身のEnabler（エネーブラー：自分の周囲の人間を幸福にすることにやりがいを持つ）としての価値観に目覚めたと。

「自分の周囲や組織の人が、消費者視点でしっかりと考えたことを、フェアに扱う組織でなくてはならない。人々がそれぞれプロとしてのプライドを持てる組織でなくてはならない。たとえ自分にストレスがかかっても、そうなるように、周辺や組織をより良く変えていきたい、そうできる自分でありたい」と。そんな「成し遂げたい欲」と、そのために「ストレスを喰う覚悟」が明瞭になった森本さんは、もともと頭脳明晰なTの人ですから、そのためにどうすればよいか押さえどころを見極め、適切な行動を取るのが非常に上手いわけです。どんどん凄いリーダーシップを発揮するようになっていきました。

鬼のような経験機会に恵まれた当時のV字回復期のUSJや、起業から何もかも自分たちで始めた刀の中心人物として、どんどんリーダーシップ経験を積んで、今やとてつもないビジネスリーダーとしてモンスター級の才覚を発揮されています。それでも今でも柔らかい彼女の人柄は変わりません。変わったのは、必要な時に共同体のために迷わず行動する「覚悟」であり、それを支えている軸は森本さんが刀で成し遂げたい明瞭で強い「目的意識（≠欲）」です。

最後にもう1つ。T型の人ならば、その組織体の意志決定の役割を担うトップポジションだけでなく、リーダーシップの役割としてもう1つの完成形もイメージしておくとよいと思います。それは**「軍師」タイプのリーダー**です。T型の人は、さまざまなリスクや可能性を予見して、戦略的に勝ち筋を見極めて、事前に綿密に準備を整えることで自己保存を満たす「冷静で慎重」な判断力を持つ人が多い。その特徴をフルに活かした一つのリーダーシップの完成形が、ナンバー2としてトップの意志決定を助ける〝軍師型リーダー〟です。多くの組織を見てきましたが、決断力そのものや、ビジョンの構想力や、人としての魅力に優れたトップ人材がいる組織では、このナンバー2の軍師型リーダーシップの優劣が共同体の未来を決定づけることが非常に多いように思います。

トップに対して、正しく、そして強い影響力を行使する力。それはナンバー2という、トップのエゴの凶刃に常に晒《さら》される危うい立場で、極めて難易度の高い技量である「戦略的リーダーシップ」です。自分で決断するのも難儀なことですが、人に決断させるのも難儀なことです。古くは劉備玄徳に天下三分の計を献じて蜀を建国させた諸葛亮孔明、日本で思いつくのは羽柴秀吉を勃興させた竹中半兵衛重治、あるいは上杉景勝を支えた直江兼続でしょうか。ただし、大組織のナンバー2ばかりがこのタイプではありません。組織の大小にかかわらず、悩める人の側にいて、進むべき道を献策して決断させるあなたも〝軍師型リーダー〟であることに間違いありません。組織人として生きていくのであれば、このスタイルに熟達できるT型の人は極めて有利。意志決定者の側にいて、進むべき道を明示するその力量は、戦略思考を武器にしたT属性人材のまさに真骨頂です。

C型のリーダーシップ

C属性の人は、人々と繋がる能力に特徴が集まっています。人に伝える力はもちろん、相手の意図を理解する双方向のコミュニケーション能力に優れ、社交的、外交的で、たいていの相手に好かれるチャームがあり、良い意味で八方美人です。人とのコミュニケーションの必殺の間合いに入り込むのが非常に上手い人や、人と会うのが好きで知り合いをどんどん増やして、自身を軸にした人脈ネットワークを構築するのが得意なのもCの人です。

このようなC属性の人が強力なリーダーシップを発揮するようになるための鍵は何でしょうか。それはT属性の人と同じく、**成し遂げたい「欲（≠夢）」を明瞭に意識する**ことと、**ストレスにメンタルを慣らす覚悟を固める**ことの2つだと私は考えています。

ここで特筆しておきたいのは、T属性のリーダーシップにおける弱点が行動力の欠如であったように、C属性のリーダーシップ・スタイルにも典型的な弱点があります。人と仲良くすることが大好きなCの人は、人と摩擦を起こすような決断や行動がとても苦手なのです。Cの人は、人の心の機微に敏感で、人と争うよりも人間関係を重視して争いを避ける傾向が強く、言うなればサイコパスとは真反対の、情緒的に繊細な人が多いのです。C属性の人は、社会性動物の〝ヒト〟として大変優れた特徴を多く持っています。理解力、共感力、伝達力…。他の個体との良好な関係が深まることが己の自己保存と感じる「社会的欲求」が強い人たちのグループなのです。

したがってCの人は、Aさんを生かすためにBさんを殺すような〝究極の決断〟が、LやTの人よりも苦手です。直球で厳しいことを言い合う激しいバトルや、人々の感情が強い摩擦を起こしている現場で矢面に立つのも非常に苦手です。ＬやＴの人でも、人々との摩擦を苦手に思う人の方が普通ですが、Ｃの人に比べると目的のためにかなり割り切れます。Ｃの人は人と仲良くすることが大好きなので、そこに大きなリスクを抱える決断力はなかなか発揮されません。

もちろん、むやみやたらに人間関係を犠牲にするのであれば、Ｃの強み自体を殺すことになるのでそれは選択肢ではありません。しかし、リーダーとしては、目的を達成するためには最も成功確率を高くするただ１つの選択肢を、情緒を切り離して冷徹に決断しなくてはならない時が少なからずあります。リーダーとしてあり続けるのであれば、共同体にとって〝最も重要な何か〟のために、〝2番目に重要な何か〟を切り捨てることを、どうしても迫られる局面はやってくるのです。

その時に、自身の心の奥底から湧き上がり、差し迫ってくる、大蛇がのたうつように激しく重苦しい葛藤を乗り越えて、目的にとって純粋に正しい道を選べるのか、それとも悩んだ結果、大多数の人がそうであるように、何も選ばないことを選んでしまうのか、あるいは苦しさから逃れたいあまりに目的自体を変えてしまうのか…。道はそこで分かれます。

そこを目的に向かって正しく乗り越えられるかどうかも、やはり、C属性の人が「どうしても成し遂げたい目的」がどれだけ明瞭で強いかに懸かっているのです。L型、T型ともそこは共通で、**「欲の強さ」はリーダーシップのデフォルト条件**と言えるでしょう。Cの人も、外の世界にどうしても成し遂げたい目的さえあれば、決断の苦しさにも少しずつ慣らしてメンタルを強くして、より大きな喜びを手にするための経験を重ねていく道を歩けるようになるでしょう。

そんなC属性の方々に意識するようにオススメしたいリーダーシップの完成形イメージがあります。「プル型」のリーダーシップです。C型ならではの強みとなる、相手の強みを引き出すスキルに熟達することがCの人にとって勝算が高い勝ち筋となるでしょう。L属性の人も、T属性の人も、割合としては「プッシュ型」のリーダーシップ・スタイルを執る人が多いので、Cの人はその真逆で輝くのです。ないものねだりかもしれませんが、私は、プル型のリーダーシップこそが中長期的に最強なのではないかと思っています。

プッシュ型のリーダーシップは文字通り、自分の考えや意見を〝相手に対して押す〟ように影響力を行使します。自分のアイデアを相手や周囲に理解させて、明確に指示を出して、短期間で自分の望む方向に共同体を従わせたい時に非常に有利なスタイルです。後の章でも述べますが、私もそのプッシュスタイルで、とりわけ極端でした。強引な〝押し相撲〟で相手を押して押しまくる強烈な〝プッシャー〟として、キャリアの前半を過ごしていました。

それに対して、プル型のリーダーシップとは、もちろん自分の考えを明瞭にプッシュすることもできるのですが、それだけではなく適切なタイミングで、相手からアイデアやビジョンや戦略を引き出す（プル）ことで相手に影響力を行使します。相手に適切な質問をする、上手に頼る、相手を活用することで、相手からさまざまな知見や協力を引き出し、共同体にとって有利な状況を創り出していきます。プッシュスタイルとの最大の違いは、プルされた相手のヤル気が段違いであることです。相手にしてみれば、プッシュされて人に言われたことを実行させられるのと違い、自分のアイデアなので主体的でモティベーション高く行動できるのです。

プルスタイルの達人は、素早いタイミングで自分の部下や周囲や上司を巻き込んで課題を共有し、さまざまな切り口や策を引き出すのがもう非常に上手い。そして、周囲はこの人が求めている目的に向かって喜んで「己のアイデア」を実現するべく動かされてしまうのです。これは相手の力を活用した「合気道」のような強烈なリーダーシップであり、周囲のリソースをフルに活かすという観点では、中長期ではプッシュスタイルよりも優れていると私は考えています。このプッシュスタイルと、プルスタイルの違いと、それぞれのスタイルを強化して組織の中で自分の意見を通していくノウハウに関しては、私が書いた赤い本『マーケティングとは「組織革命」である。』（日経ＢＰ）に詳述しておりますので、そちらをぜひ読んでみてください。

私が多くの人を見てきた中での実感では、このプルスタイルの達人は、実は圧倒的にC属性の人に多いように思います。C属性の人は、人との繋がり、協調や同調、双方向性によって自己保存がポジティブに刺激される「社会的欲求」が強いのです。したがって、相手と戦ってマウントを取ったり、論破してプッシュしたりするよりも、相手とよく相談しながら合意を形成することに価値を感じる人が多い。だから、プルスタイルに熟達することは、Cの人の特徴に非常に合致したC型リーダーシップの真骨頂ではないでしょうか？

最後に、私が今まで出会った人の中でも強烈なC型リーダーを紹介します。刀で一緒に冒険している仲間の佐藤大介さんです。佐藤さんは私よりも少しだけ若く、かつて星野リゾートで働いていた頃に〝雲海テラス〟で有名なトマムの再建に尽力した実績のある人です。東北の地方創生にも並々ならぬ情熱を注いできた人で、「日本は東京だけじゃダメだ。その地域の魅力をビジネス化して持続可能な事業を創る!!」という刀の熱い想いに加わってくれました。後の章で詳述しますが、今、沖縄に新テーマパークを築くプロジェクトの中心人物として大活躍中です。

佐藤さんは、市川海老蔵さんに似た風貌のおかげ!?もあると思いますが、5秒で相手に好かれるという恐ろしい才能を持っています。私は5秒で嫌われてしまうこともよくあるのに、実に羨ましいです（笑）。もの凄くポジティブな人柄で、彼の周辺を「何とかしよう！」とか「やればできるんじゃないか!?」と思わせる〝前向きなオーラ〟で包み込みます。また、彼にプレゼンをさせたら、これほど聴衆を惹きつける話し方ができるのかと、私自身もいつもエンターテインされています。

そんな彼がリーダーとして素晴らしいのは、人々を巻き込む力がとにかく尋常ではないことです。それは常に目的意識が明確で、Cの才能をテコにして相手の利害や心理を洞察しつつ、〝相手が味方になりたくなる〟ための戦略的な衝《つ》きどころが絶妙だからだと思います。一方的に相手を制圧するのではなく、相手も一緒に喜んで動けるような〝あの手この手〟を常に考え抜いて行動するので、彼の周囲にはどんどん応援団が出来上がっていくのです。一見、相手に合わせているように見えて、実はみんなが喜んで彼に操られたくなる…。このタイプは私の古巣だったP&G出身者では見当たらないように思います。戦略眼に優れ、しかも相手に気持ち良く城門を開けさせる調略と外交の天才、彼はまるで真田幸隆のようです。

しかし、彼は相手の心に敏感ですから、彼自身も繊細な心を持っているはずで、その分だけ悩みは重いはずだし、難しい交渉事のストレスは私などよりもきついはずなのです。でもたとえ厳しい局面であっても、彼は決して逃げません。刀で成し遂げる地方創生の大義のために、彼は日々人々を巻き込んで味方を増やしていく。やはり、信じているものがあること、成し遂げたい何かが明確である「欲」が、彼をギリギリで奮い立たせる大きな力になっているように思います。彼も私の大切な仲間の一人です。

第2章

「人を動かす力」の根源は「欲の強さ」である

これまで私はさまざまな発言の機会で、資本主義社会の本質は人間の「欲」だと指摘してきました。人間がこの世界を自らの望むカタチに変えたいと欲する力、より快適で便利な生活を送りたいと欲する力、人よりも経済的に成功して相対的により豊かに暮らしたいと欲する力、家族が健康で平穏無事に生きていくことを欲する力、誰も成し得なかったことを達成したい、誰も知り得なかったことに到達したい…などなど。一人一人がさまざまな「欲」を幾つも持っており、それら千差万別の膨大な〝欲エネルギー〟の集積こそが資本主義社会そのもの。それらの「欲」が、人々に理想と現実のギャップをハイライトさせることで、欲に駆られた人々を競争させて社会は発展に必要な活力を生み出します。つまり、資本主義社会は「欲」を本質として、人々を「競争」させる構造を持つのです。

実はリーダーシップもその「欲」を根源的なエネルギーにします。何かを強く望まない者が、人を動かすことはできないのです。

1 欲とは何か？

マーケターとしてあらゆる消費者行動を分析する中で、私は人間の行動を決定づける「欲」の発露のメカニズムにずっと着目してきました。結論から申し上げますと、欲のない人間はいません。人間だけでなく脳がそれなりに発達した動物であれば、生き抜くために本能に基づいて欲求が行動を誘発し、生存確率を上げるメカニズム（本能⇒欲求⇒行動）を持っています。欲が本当にないのであれば、行動することを選択できませんので、生きていくことができません。

現代人は、朝起きてから夜眠りにつくまでの1日において、無意識のものを含めると〝行動選択のサイコロ〟を脳内で何と3000回以上も振っているのです。目が覚めたら、今起きるかもう少し寝ておくか、今トイレに行くかどうか、終わったら水を流すかどうか、それから食事をするかどうか、先に顔を洗っておくかどうか、何を食べるか、何を着ていくか…。そのほとんど無意識の判断の組み合わせが〝習慣〟となって、ますます本人が意識するのは難しくなっていきます。しかし、その一つ一つの判断基準は「欲」であり、欲が望むように（≒自己保存が好都合になるべく）無数の行動を選択させています。つまり人が行動して暮らしている限りは、どんな人にも欲はあるということです。

では、「欲」にはどんな種類があるのでしょうか？　私のマーケティングの知見における、欲を3つに大別して考える簡潔な枠組みを紹介します。まず、他の動物と最も共通点の多い、安全の欲求や、食欲・睡眠欲・性欲など一連の生理的欲求、それらを**「肉体的欲求」**とします。次に、高度に発達した社会性動物である人間は、何らかの社会集団（家族、友人たちとの繋がり、組織など）に属することで安心したい**「社会的欲求」**があります。私はこの中に承認欲求（有名になりたい、他者に認められたい、称賛されたい）も含めます。

そして最後に、高度に発達した知性を持つ人間ならではの〝自己実現〟や〝達成感〟を得たい**「精神的欲求」**があります。脳には、その宿主の能力が高まったことを自覚すると、生存確率が上がったと認識して喜ぶ本能のメカニズムがあります。それは「～できるようになった！」という喜びです。たとえ誰も見ていなくても何かを成し遂げた時の達成感、つまり〝自己満足〟の正体は、生存確率を上げることを常に欲している精神的欲求が満たされた時の〝脳のポジティブな反応〟なのです。

〝悟り世代〟に欲がないのは本当か？

しかし、欲には人によって強い弱いがあり、どの欲が強いかについても個人差があります。そして当然ですが、欲が強い方が断然有利、その欲の領域における行動力（行動することを脳が選択させる確率）が激増するからです。私がキャリアについて話すたびに「好きなことの中から〝職能〟を選んでください」と申し上げているのも、その人の好きなことの中に、その人の中で相対的に強い「欲」が埋まっているので、その領域における行動力が強くなるからです。もちろん欲求の領域と強さによっては、他者の権利を侵したり、犯罪などの問題を引き起こすことはあります。しかし、本来は欲が強いことは「行動力」の源泉であり、やってみたいことや成し遂げたいことが明確なのは素晴らしいことです。

最近の若者は欲がないと言われることがよくあります。確かに〝物欲〟や〝自己実現欲〟においてギラギラした若者が、私の世代と比べてもずいぶんと少なくなったように感じます。では本当に、若者に「欲」はなくなったのでしょうか？　私はそうは思っていません。欲がなくなったのではなく、欲の満たし方のシフトを起こしているだけです。本当は欲しいものを、明瞭に意識しないように脳がフィルターをかけているだけだと考えています。だいたい、スマホをあれだけ触っている若者が、欲がないわけがないんです（笑）。そのことについて少し解説させていただきましょう。

〝脳〟の立場で考えると、「欲」を持つことは、ある意味でハイリスク・ハイリターンな博打の意味合いがあります。強い「欲」を持つと、達成できない時には欲求不満の強いストレスという〝コスト〟が生じるのです。そのコストの方が高くつくと判断すれば、〝脳〟はその「欲」を持つこと自体を回避しようとすることがあります。実は、失敗して欲求不満に陥ると、満たしたかったものとは別の欲求が凹《へこ》まされて、トータルとして自己保存が大きなマイナスになることがあるからです。

わかりやすい例を言えば、高嶺の花のような好みの異性が現れて、玉砕覚悟で交際を申し込むかどうか？の判断に似ています。本当は「欲」はあるのだけれど、傷つくのは嫌だから、自分から声を掛けることはしないという選択を多くの人がしてしまいますよね。しかし、もしも脈がありそうだったならば？　あるいは脈がありそうかアタリをつけながら、ギリギリの判断で自分は傷つかないように、でも脈がありそうだったらやっぱり声を掛けませんか？〝脳〟はコストを恐れています。わかりやすく言うと、〝脳〟は達成できそうなことを「欲」として認識し、行動させようとします。

今の若者たちはどんな世相と環境で育ってきたのか？　未来に希望が持ちにくい世相、30年もの〝平成デフレ漂流〟で生まれ育ち、非正規雇用率がどんどん上がり、国民所得も実質賃金も期待が持てない日本人がどんどん貧しくなる空気感で、彼ら／彼女らの〝脳〟は一体どんな情報を聞きながら育ったことでしょう？　例えば、私のさらに上のバブル世代が持つような「欲」で、今の若者たちの〝脳〟はリーズナブルな満足を得ることができるでしょうか？　高級車？　ブランドファッション？　一獲千金？　派手な異性交際？　変わったのは若者ではなく、そういうことに希望が持てなくなった世相の方だというのが真相に近いのではないでしょうか。

団塊の世代のように、普通に勉強して、みんな正社員になれるし、お父さんだけ真面目に働いていれば毎年給料は上がっていくし、子供は大学にも行かせられるし、生涯雇用だし、年金もそれなりにもらえるし…。そういうことが信じられる世相にいたのであれば、今の若者も「いつかはクラウン！」と思えたに違いないのです。しかし、今の若者たちは、昔のようにお金を使って欲求を満たすことに希望が持てないということです。車が欲しいと思っても、今の時代は所得と車両価格のアンバランスが昔の比ではありません。

欲しくないのではなく、買えなくても惨めな気持ちにならないように新たな価値観（＝欲の選択とその満たし方）を創り出しているのです。そうやって彼らは環境によってシビアに1円の価値を考えるように育ち、ブランドファッションではなく、ユニクロを着こなせる自分がカッコいいと思うようにしている。本当は〝悟っている世代〟なのではなく、今の若者を取り巻く現実的な環境の中で、彼ら／彼女らなりの「欲」とその満たし方を模索しているのです。

今の若者の生活時間に占めるスマホの接触時間の異常な長さは、バブル世代の往年の遊び時間の比ではありません。**若者たちは、インターネット空間上のコンテンツによってあらゆる「欲」をバーチャルで激しく満たし、SNSで社会的欲求の多くを満たそうと必死**です。それが若者世代の〝脳〟にとって最もコストが低いからです。それを〝年寄り〟の皆さんが眺めて、「最近の若者は欲がない」と…。とんでもありません。欲がないのではない、それは欲求の満たし方がバーチャルにシフトしているだけです。〝年寄り〟にはその新しい手段が見えないだけです。

2 リーダーシップを身につけて得られる絶大なメリット

リーダーシップを身につけることのメリットとは？　リーダーシップをより発揮できるようになると、今とは何が変わり、あなたの人生にとってどんな良い変化が起こるのか？

この点を明確にしておくことは重要です。なぜならば、そうなりたい自分を具体的にイメージしておくことが強い意欲を生み出し、その「欲」こそが意識を変えて行動を持続させるためのエネルギー源だからです。少なくとも本書を最後まで読破するためのエネルギーは、ぜひここで獲得していただきたいと思います。

リーダーシップを身につけると得をすることは実にたくさんありますが、ここでは私が主なメリットだと思う3つをお伝えします。それらはきっと、あなたの人生を劇的に変える力を発揮するはずです。

一人では到達できない景色を見ることができる

最初のメリットは、リーダーシップがあれば**一人ではできないことでも実現できるようになること**です。それは「人を動かす力」が増すことで、自分のやりたいこと（目的）のために、周囲の人を巻き込んで動かして、到底一人では不可能なことでも実現可能になるからです。一人の力は限られています。手も足も目も2つずつ、考える大脳や話せる口に至っては1つずつしかありません。そして何よりも時間の制約があります。1日当たりに24時間以上の有効時間を投入するには、当たり前ですが我々は自分以外の人々を動かす選択肢しかありません。また、精神力や体力にも限界があり、さまざまな知識やスキルを一人で習得するのにも限界があります。

そう、この世界は人々の力を上手く合わせれば実現できることで溢《あふ》れかえっています。よく考えると、一人だけでできることはとても少ないことに気づきます。身近な家庭や友人関係でも、一人では難しいことが何人かで取り組めば容易に実現できるようになり、人生の景色をもっと望ましい色に変えていくことができます。職場でも、ここをもう少しこう変えた方がよいのではないか？と思うことはきっとたくさんあると思います。それらをあなたがより望む方向へ、周囲を巻き込んで変えることができたなら、人生はより楽しく前向きに変わっていくはずです。私も、一人だけでは100年あがいても無理でしたが、私個人の力を多くの人々を動かすことに集中することで、「絶対に会社を倒産させる」と断言されたハリー・ポッターを実現できましたし、「投資資金がないから誰がやっても無理」と断言されたUSJを再建させることもできました。

一見して不可能に思えることでも、誰かが強力なリーダーシップを発揮して、人々を本気にして連帯させることができたならば、成し遂げられることは実はたくさんあります。**我々人類は、そうやって一人一人の能力を合わせることで、集団となって〝本来の力〟を発揮するように創られている**のです。つまり、個としての力は、本来の人類特有の恐るべき能力からは程遠いわけです。集団力を活かせるか否か。それ次第であなたが人生で狩れる〝獲物〟のスケールが全く違ってくるのです。

最強スキルによる経済的リターンが手に入る

2つ目のメリットは、リーダーシップを身につけるにつれて、**あなたは劇的に経済的に豊かになっていくこと**です。高度な社会性動物である人間は、〝群れ〟を形成して複雑な社会構造を持っています。そうやって複数体で組織をつくって行動する目的は、単体では成し得ない桁違いに大きな成果をより多く、より効果的に成し遂げるためです。したがって、〝群れ〟を統率できて、より多くの人々に、より良い仕事をさせることができる「リーダーシップ人材」に対する需要は極めて高くなります。リーダーシップ人材の需要が高いのは構造的に担保されている真理で、歴史的にもどんな社会においても変わったことがありません。

だから私は**リーダーシップこそが最強のスキル**だと考えています。これまでも、そしてこれからのＡＩ時代においても、人間が社会性動物である限り、リーダーシップこそが最も求められる人類最強スキルであり続けるでしょう。

最強のスキルには最高の値札がつくのも構造的に担保されています。社長の年収が高いのも、係長が課長になったら年収が上がるのも、リーダーシップ・スキルの期待に合わせて階級ごとに値札がつけられているからです。つまり、リーダーシップ・スキルを強化すればするほど、あなたの年収はどんどん上がっていきます。それは、あなたが発揮できる〝仕事の質と量〟が、他人の能力や時間を取り込めることによって激増していくからです。日本社会だけで考えても、リーダーシップに優れた人々が組織の上層で、その組織の平均年収とは桁違いの年収を得ています。

そして世界に目を向ければ、年収10億円超の雇われ経営者もゴロゴロいます。それだけ払っても、その人を雇った方が業績は伸びると、雇う側（株主）が判断しているということです。その値段を払わないと求めるレベルの人が雇えないほど、リーダーシップ人材は希少だということです。まあ、売上が何千億や何兆という大企業組織で業績を上げてくれるなら、確かに10億でも100億でも安いものです。

日本でも年収が億を超えるビジネスパーソンは、上場企業だけでも400〜500人もいますから、それ以外を合わせるとおそらく余裕で桁数がもう1つ上がるでしょう。そんなリーダーシップ人材の上澄み層は、はっきり言って成功したプロスポーツ選手よりも稼ぐことができます。スポーツ選手よりずっと長く、歳をとっても何十年も高い年収のまま現役を続けることができるからです。

そんな極端な成功例でなくても、リーダーシップ能力を身につけてマネジメント職（管理職）になる道を歩けば、トップ層でなくミドルマネジメント層でも年収1000万円を突破することは現実的な射程距離です。なぜならば、リーダーシップ人材の需要が圧倒的に大きいので、年収1000万円以上に座れる〝席数〟が桁違いに多いからです。個々人の特徴を無視して考えれば、スポーツで同じ年収を目指すよりも、構造的に確率が唸《うな》るほど高いです。〝群れ〟を統率する能力さえ認められれば、経済的には極めて有利ということです。

マネジメント職にならないのならば、年収で1000万円を突破するための残された道は、希少専門職（エンジニア、芸能人、プロスポーツ選手、YouTuberなど）や、資格による規制で守られている各種士業（税理士、弁理士、医師、弁護士、公認会計士など）や、何らかの個人事業で成功するか、とにかく組織に頼らない稼ぎ方を模索することです。しかし、そういう個々で稼ぐ場合でも、顧客との間合いや業界での人付き合いで、強力なリーダーシップを発揮する人の方が相対的にどんどん繁盛して、より大きな経済的メリットを享受します。しかも個人で事業をやる場合は、本当に1人だけで完結しないのならば人を使うので、リーダーシップの有無はとても重要になるでしょう。

また、一般論で言えば、個人の場合よりも、組織に属しながらの方が、つまり組織でマネジメント職を目指す方が、遥かに経済的リターンの期待値は高くなります。個人よりも集団の方が儲かる可能性が高いということです。なぜだかわかりますか？　それは先ほど述べたように、人類が集団で強烈な力を発揮する社会性動物だからです。1人で稼ぐ場合に比べて、10人で稼ぐ方が10倍以上稼げる、と言えばわかりやすいでしょうか？　もちろん、〝異能〟を持つ個人や、集団でどうしても力を発揮できない個人はその限りではありません。また、組織で稼ぐ方が有利といっても、組織力をちゃんと発揮できる構造であることが前提となります。無駄に太った肥満児のような組織であれば1000人いても、逆にその人数分の富すら生み出せません。

さらに、自分のリーダーシップ・スタイルに合致した組織であることが成功の前提となります。例えば、外資系で伸びていった私のような激しい人間が、もしも新卒で「和」を尊ぶ伝統的な日本企業に入社していたら、きっと狂人扱いされてすぐに「×」がついていたでしょう（第7章に私の黒歴史があります）。織田信長が成功したのも、戦国時代だったからであり、あの時代の日本社会が求めた「乱世を平定する」目的と彼の特徴が適合したからです。社会は、組織は、その共同体の目的に適ったリーダーシップのスタイルを求めているのです。

その〝適合〟の課題はありつつも、リーダーシップは、どの業界にいても、何をやっていても、最もオールマイティーに、かつ圧倒的に稼ぐことができるスキルといえるでしょう。人が人と接する限り、強いリーダーシップが輝くことは構造的に担保されているからです。

興奮と一緒に目が覚める毎朝が手に入る

最後に、最も大切なメリットをお伝えします。リーダーシップを身につけると、**我々は「自分の人生を生きる幸福感」を激増させること**ができます。リーダーシップがあれば、自分の欲と意志に基づいて行動できるようになるので、人にやらされている感がなくなり、自分の仕事や毎日の暮らしがもっと楽しく充実していきます。

我々は懸命に生きています。しかし、毎朝、毎晩の通勤列車の中の疲れ果てた人々の表情は、自分以外の誰かから始まった波をかぶり続ける日々に忙しく追い立てられているからではないでしょうか？　誰かから言われたからやる、本当はおかしいと思うことでもルールだから従う、正しいと思うことでも前例がないからやらない、人の顔色ばかり見て周囲に合わせて自分が保てない、そんなことが当たり前に起こる毎日に疲れ果てた人々で溢れかえっています。もっと精神的に報われる日々を送るために、誠実に働く人々こそが、どうかリーダーシップを身につけることを決心していただきたいと願っています。

リーダーシップを身につけるということは、端的に言えばこういうことです。**「この宇宙は、本当に自分を中心に回っていたんだ!!」と思えるようになる**ということです。いったいどこの涼宮ハルヒやねん!?とツッコミをもらいそうですが、少なくとも私は本気でそう思えるようになったのです。確かに、この世界も、宇宙も、最初から私を中心に回っていたのです。「いよいよ森岡もおかしくなったか!?」と思った人もよく考えてみてください。あなたの宇宙も、最初からあなたを中心に回っています。その考えは何度考えても確かに正しいのです。どういうことか? だって、あなたがいなければ、あなたの宇宙(あなたの認識)は存在しないでしょう。

我々は生まれてきて、世界を認識して、さまざまなことを感じて考えています。その思考世界は、世界を認識する本人なしでは存在し得ません。あなたの世界(宇宙)は、あなたが認識できることがそのすべてだということです。あなたが生まれたからあなたが認識できる世界が生まれ、あなたが死ねばあなたが認識できる世界は終わるのです。もっと言えば、我々それぞれが認識している〝宇宙〟とは、ちっぽけな自分という単体の存在が、実はそのすべてだったということ。最初から私の宇宙は私を中心に回り、あなたの宇宙はあなたを中心に回っていたということです。だから、私の宇宙の主役は私しか存在せず、あなたの宇宙の主役はあなたしか存在しないのです。この世に生きている人は一人残らず、それぞれの宇宙の中心です。

自分中心に考えるのは良くないことだと、我々は刷り込まれて育ちました。しかし、それは自分勝手な目的設定は間違っているということであって、自分の宇宙が、自分の人生という物語が、自分中心に動いているという自覚は極めて重要だと私は考えます。そうでなければ、〝主体性〟を保てません。人のせいにしたり、クラゲのように世の中にフワフワ流されているうちに、たった一度しかない我々の人生は終わってしまいます。あなたは、あなたの人生の主役として、どう生きていきたいのか、どうなっていればハッピーなのか、あるいは何かを成し遂げたいのか、そうだとするとそれは何なのか…?　そういう「欲」について考え始めるにも、自分の宇宙（人生）が自分を中心に回っている自覚を持つことが大事です。

他人の人生を生きるのは本当に疲れますからやめましょう！　誰かのアジェンダでも、それが自分の目的になって（自分の意志として）一緒に追っているのならば幸せです。しかし、誰かの目的のために「何で!?」と疑問に思いながら必死に働いて、誰かに依存して支配されて、誰かの顔色ばかり窺《うかが》って…。そんな他人に合わせる毎日に疲れ果てるのは、それらの仕事の中に、自分ならではの目的を見いだせないでいるからではないでしょうか？　しかし、リーダーシップを身につけられたら、同じ職場で同じ仕事をしていたとしても、自分がやってみたいことを自然に見つけられるようになります。自分の人生を自らの意志で運転するリーダーシップで、毎日がもっとワクワクするようになります。

もちろん、リーダーシップで、何か大きなことを成し遂げたり、経済的に豊かになることも大事です。しかし、私がもっと大事だと思っているのは、**自分が毎朝、どんなワクワクを感じながら目を覚ますかということ**です。「よーし、今日は何をやろうかな!?」と思える意識から毎日が始まるこの充実感は、何物にも代えがたい幸福です。そのシンプルな核心は、自身の「欲」に素直に行動できるか。その結果として「自分の人生を生きている実感」を得られるようになるのではないでしょうか。リーダーシップを身につける最大の変化、最大のメリットはそこにあります。

第3章

欲が足りない人はどうすればよいのか？

人類の欲の根源は本質的に数千年前からほとんど変わりません。肉体的欲求に至っては、ヒトに進化する前の獣だった時代から変わっていません。変わってきたのは、技術の進歩に伴っての、欲求の満たし方です。食欲は変わらずとも、満たし方は「魚を銛《もり》で突く」から「すし屋で食べる」まで変化してきました。ヒトから「欲」が突然なくなることもなければ、人類である以上は「欲」が全くないヒトもいません。

「欲」がないように見える人の多くは、欲求不満のストレスや自尊心が傷つくことを回避したい〝安全欲〟や〝自己愛〟が人並み外れて強い人であり、それはそれでかなりの〝強欲〟と言えるでしょう。自分を守るために「欲しがらない」よう脳に刷り込んで習慣化してきた人です。「飛んだことがないから成功の脈がありそうと思えない、だから飛ばない、だったら最初から飛びたいと思わなかったことにしよう…」という思考回路です。

つまり、**その逆方向のトレーニング、自分が傷つくことへの〝恐れ〟や、欲求が満たされない時の〝苦しさ〟などを振り切るトレーニングを積んでいないだけ**です。本当は「欲」を持っているのに、ディフェンシブな〝脳〟が、そのせっかくの「欲」にブレーキをかけています。本当は恋人が欲しいのになかなか恋愛ができない自分を、恋愛願望はそれほどないと思い込むことでストレスを減らすのと構造は同じです。脳にブレーキをかけられて、潜在的に持っている「欲」を明瞭に認識しないようになっている。多くのことが実は「慣れれば大したことがなくなる」のに、そのことをまだ知らないだけです。

では、そんな欲の足りない人（≒欲を明瞭に認識できない人）はどうすればよいのでしょうか？　私なりの答えを端的に言えば、**小さなことから「やってみたいこと」を設定するリハビリをすることで、自分なりの「欲」を見つけられるようになるトレーニングを継続**するのです。やってみたいこと、つまり〝目的〟があることが、リーダーシップの大前提になります。本気で成し遂げたい「欲（≒夢）」が明瞭でない人を想定して、どのように目的設定をすればよいのか、リーダーシップ・トレーニングで私が行っている基本的な考え方を紹介します。

1 「3WANTSモデル」でやりたいことを探す！

どうしても実現したいと本気で思える目的が明確であること、これこそが「人を動かす力」の根源です。しかし、リーダーシップを発揮するための目的について言えば、どんな目的でもよいというわけではありません。リーダーシップを発揮しやすい目的には、周囲の人の支持を集めやすい特徴があるのです。したがって、最初の一歩は、あなたにとってその特徴を満たす目的（＝欲）を見つけることです。それには**3つの条件を同時に満たす**対象を探していくことになります。その3条件を満たす目的を見つけた時、あなたはリーダーシップを身につけるための素晴らしい旅のど真ん中に立ったといえるでしょう。

その目的（＝欲）の〝3条件〟とは何か？　まず最初に、その目的が、**巻き込みたい人々にとっても魅力的であること**。次に、その目的達成があなた一人の努力や工夫で何とかなるものではなく、周囲の人々を巻き込まないと実現できない、つまり**集団としての能力を必要としていること**。そして最後に何よりも大切なのは、**あなた自身が本気になれること**です。この3条件は互いに強烈な相互作用で補完的に機能しますので、私はこの3条件を、**リーダーシップを発動させる「3WANTSモデル」**と呼んで、私が実施するリーダーシップのトレーニングの冒頭で皆さんに理解してもらうことにしています（74ページの図をご覧ください）。

自分にリーダーシップが足りない気がする人は、まずご自身が今そのような目的を持っているか、それを振り返って考えてみてください。「3WANTS モデル」に該当する、自分が執着できる強い目的が明確でないならば、そもそもリーダーシップを発揮する動機がない（つまり「欲」がない）ので、行動できなくて当たり前です。しかし、**今までのご自身のドライブが弱いことの根本原因がそこにあると気づいたのであれば、素晴らしい新たなスタートになります**。

リーダーシップを身につけたいのであれば、ご自身にとって、これら3条件を満たす目的を真剣に探してみることから始めてください。例えば、あなたが弱小の高校野球チームにいる場合、「地方大会で優勝して甲子園に出場する！」というのは、どうでしょうか？　それが現実感のある目的、つまり①の点で「実現できるかも!?」と仲間たちに信じさせることができたら、あとは③の点であなた自身が本気で諦めずに追い求められる限り、「3WANTS モデル」を満たす壮大な共同体の目的になり得ます。

リーダーシップを成功させる「3WANTSモデル」

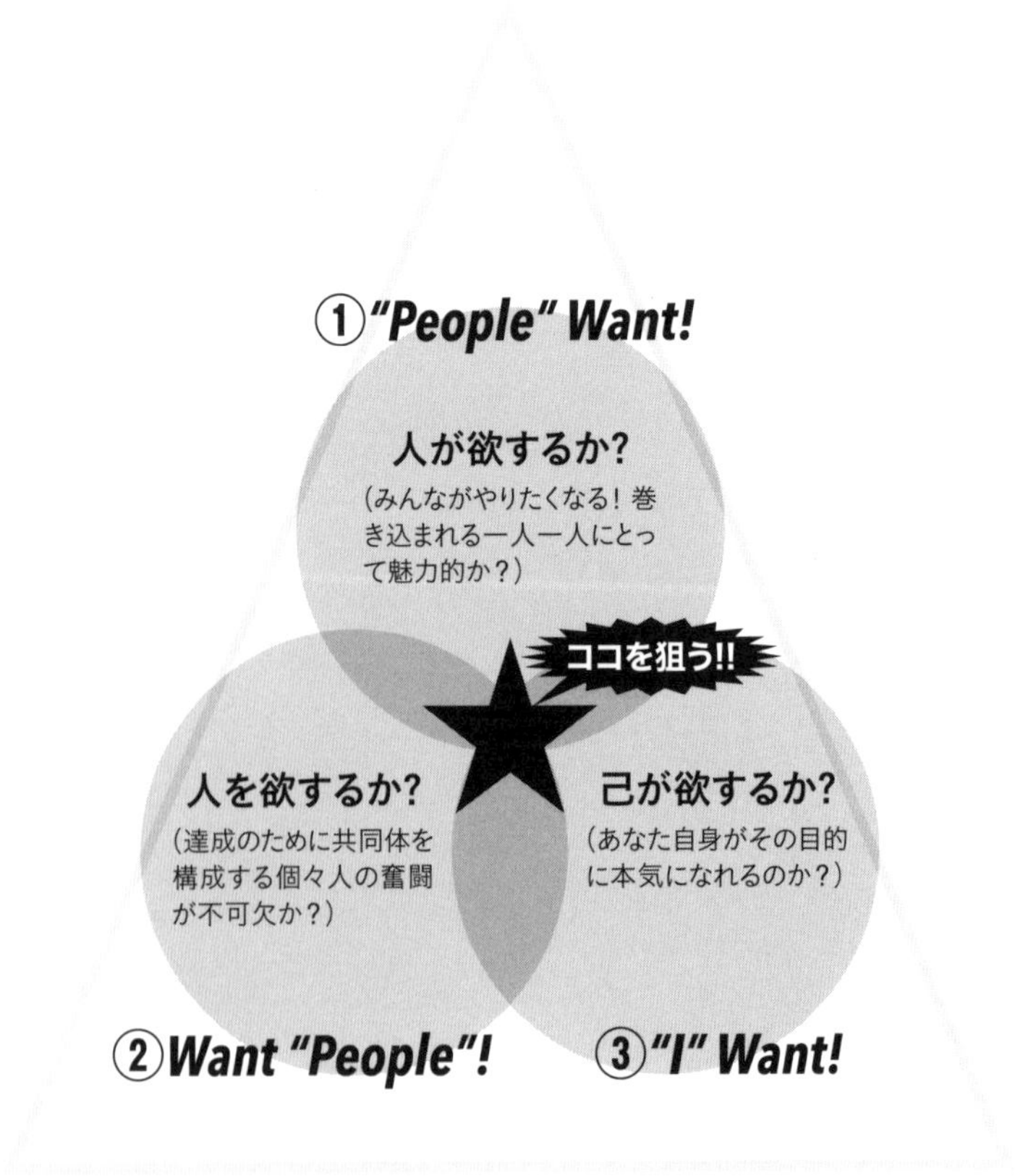

①"People" Want!
人が欲するか?
(みんながやりたくなる！ 巻き込まれる一人一人にとって魅力的か？)
ココを狙う!!
人を欲するか?
(達成のために共同体を構成する個々人の奮闘が不可欠か？)
己が欲するか?
(あなた自身がその目的に本気になれるのか？)
②Want "People"!
③"I" Want!

3つのWANTS(≒欲)がそろう対象を探す

しかし、よくありがちな会社に転がっている多くの目的は、実は①と③の点で問題を抱えているケースが多い。自分の属している「営業第二課の成績を会社トップに押し上げる!」や、自分が働いている「店舗の顧客満足度を全店トップにする!」などは、どうでしょうか? 共同体全体のためには正しい目的なのはわかりますが、巻き込まれる一人一人にとって本当に魅力的かどうかが甚《はなは》だ疑問ですね。それぞれが、個人レベルで魅力を感じないとダメなのです。それを達成すると、自分にどんな良いことが起こるのか? その点が希薄なまま数値目標だけを目的として追わされても、モティベーションが湧かず自分事にならないので、「やらされている感」だけが漂うことになります。**ほとんどの会社や部門長が、実は〝自分事にならない目的設定〟をしている**ことに気づいてほしいです。それでは人々の目の色を変えることはできません。

このように、「3WANTSモデル」を意識することで、人をリードしやすい目的設定(=人々がリードされたくなる目的設定)が自然にできるようになります。人が欲するか? 人を欲するか? そして何よりも、己が欲するか? この3点に当てはまるかどうかです。当てはまればどんな小さなことでも、あなたがリーダーシップを発揮していく素晴らしい経験値を生み出すことでしょう。そんな大きな規模や仕事の話でなくても、あなたのリーダーシップ経験を得ることを優先して考えると、身近なことでも目的はすぐに見つけることができるはずです。

特に最初は、極めて身近な小さな目的（脳がリスクをそれほど大きく認識しないもの）から何度も実行してみて、経験によって脳を慣らしていくことが大事です。慣れれば勝手にあれもこれもやってみたくなりますから、そんな大きなことを探さなくてよいのです。最初の歩幅は小さめに刻んでいきましょう。例えば、次の夏休みの旅行で「家族の一生の想い出になる体験をする！」という目的は、家族全員にとってこの3条件を素晴らしく満たすでしょう。そして、その家族旅行を、あなたのリーダーシップを育成するための貴重な経験の場に変えることができるのです。

「己が欲するか？」が最も大事です。あなたが本気で望むのであれば、目的が生まれ、あなたはその目的達成のために行動を開始し、あなたの周囲も変わっていきます。他の人たちにとってもやってみたいことである限り、あなたの行動変化が、他の共同体構成員の意識と行動にも影響を与え始めるからです。あなたを起点にして波紋のように外に外に拡がっていくその影響力こそが、あなたのリーダーシップです。

2 「脳」を慣らせば、「欲」は出やすくなる

さて、察しの良い方はそろそろ気づいていると思いますが、共同体に魅力的な目的を設定することこそが、実はリーダーシップの最初の大きな仕事です。その瞬間にその共同体の運命を変える何かが生まれつつあります。良い指揮者がオーケストラのために良い楽曲を必死に考えて持ってくるようなものです。自分の共同体のために魅力的な目的を必死で探す行為そのものが最も重要なリーダーシップ行動であり、それを考えている時点で既にリーダーシップを身につける素晴らしい経験のど真ん中にいるのです。

そして成し遂げるべき目的を明確にし、その魅力をチームの一人一人に信じさせることは大変ですが、そういう精神的かつ時間的コストが高い役割を粘り強くできるのも、何よりもあなた自身がその目的を本気で成し遂げたいとコミットしているからです。加えて、その目的達成にどうしても周囲の人々の力が必要だからです。やはり目的の「3WANTSモデル」は強力に相互作用してあなたの覚悟を強固にします。

しかしながら現実の社会では、何としても自分の組織で成し遂げたいことが明確で、それを本気で追いかけている人なんてほとんどいません。人から頼まれたこと、上から期待されることばかりを受動的にやるのが当たり前になっています。したがって、自分が属する共同体のために、自分が目的を考えて、他人を巻き込んで実行するなんて経験は、ほとんど積めていない人が大半ではないでしょうか？　特に大きな組織や、イケてない組織においては、目的自体を自分で考えて設定するなんて経験を積めることはほぼないのです。

多くの企業においては、目的とは会社上層から落ちてくるものであって、自分が関与できるものではない、少なくとも多くの人の〝常識〟はそうなっています。しかも、落ちてくる目的は、魅力的だったり奮い立ったりするどころか、先ほどのような数値目標で語られた重苦しいノルマでしかないことがほとんどです。したがって、多くの個人にとって、自分自身の内側で完結する目的や夢を考えることはあっても、自分の属する集団を巻き込んだ外向きの目的設定などは、そもそもの発想やそれまでの経験の範疇《はんちゅう》には全くないことが多いのです。

生まれてからずっと、学校でも職場でも、自分一人で何とかなるような範囲のことしか考えないことが習慣になっていて、既に疑問すら感じなくなっています。だから、人々との繋がりの中で目的を考えるような、リーダーシップを身につける経験がずっとできずに、それまでの人生において自分の小さな世界のためだけに思考世界が閉じたままなのです。さらに厳しい真実を言えば、自分一人のためにだって、本気になれる目的を見つけて必死になれている人も滅多にいないように思います。子供も大人も、本気でやりたいことが意識できていないのは、この国が抱える重篤な病です。

もちろん、大半の人が、毎日の忙しい生活に追われながら、それなりに努力して、それなりに生きています。私はその一人一人の誠実に生きている人生を否定したいとは決して思いません。しかし、もしもあなたがリーダーシップを身につけたいならば、誰かの設定した期待のために働くだけの、人に合わせて暮らすだけの、そんな受動的な毎日を続けていてはダメだと申し上げています。

対照的に、強いL属性の人であれば、「個」の次元を超えた何らかの〝外向きの使命感〟を持って毎日を過ごしています。職場にいようと、家庭にいようと、常に自分以外の誰かとの繋がりの中で「やるべきこと」や「やってみたいこと」が生まれ、それを追いかけることが既に無意識の習慣になっています。たとえ大きな組織にいようとも、自分が変えられることはないかと外の世界にアンテナを張っているので、小さなことでも何でも自分が起点になって変えられる「目的」を見つけることが上手です。

そうやって人よりも考えて動き、何かを自分が起点となって変えることで頭角を現し、使える奴だと思われて引き上げられるか、自分で這《は》い上がるか、ここはダメだと思えばその組織を飛び出すか…。彼らはとにかく、リーダーシップの経験値がものすごく貯まっていく人生を、行動力にものを言わせて歩いています。自分のことだけで小さく閉じている人とは雲泥の差で経験を貯めてキャリアに差をつけていきます。キャリアが好転するのは、その人の周辺世界を望む方向へ変える力、〝リーダーシップという技術〟が、この社会で最も強く求められているスキルだからです。

はっきりと申し上げますと、リーダーシップが欠如している人は、自分のことで頭がいっぱいで、外向きのことに関心がないのです。「個」を超えた「公」のために、人を巻き込んで、やってみたいこと、成し遂げたいことがほとんどありません。そういう〝外向きの欲〟が自分事にならないのです。そもそも社会や共同体にも関心が薄く、外の世界が自分にとって都合が悪くならないように「誰か何とかしてくれ」とは願うけれど、世界に対する自分の位置づけは常に受動的です。自分が平穏無事であればよくて、自分の中で完結する〝内向きの欲〟だけで意識が閉じています。

私はその〝内向き〟のマインドセットは変えられると思っていますが、リーダーシップが足りない人の思考回路はそうなっている場合が多い。外の世界にやってみたいことがないのに、外の世界に働きかける意志や行動が発現するはずもなければ、その人生でリーダーシップ経験が貯まるはずもありませんよね？　だから、その当然の結果として、リーダーシップが弱いのです。ほとんどのリーダーシップが弱い人の根本的な原因はこれです。根本的には〝欲が足りない〟から始まらないのです。

ではどうやって〝外向きの欲〟を強化していくのか?　「世界に働きかけたら自分の欲しいものを獲れる！」という成功体験を幼少期にどれだけ積んでいるかは、大人になってからの意欲に直結していると思います。「やってみたいこと」がない人の多くは、「やってみたいこと」に挑戦して良いことがあったという成功体験を持っていません。自分の世界から外に踏み出して何かをしようと発想した時に、先ほども紹介した「やってもダメだ」とか「周囲に否定される」といった、ネガティブな自己保存フィルターが頭の中にかかって、それを突き破ることができません。このネガティブ・フィルターは毎日吸っている空気のように意識すらされず、意識しないと自身では気づけません。このフィルターを壊すには、まずは自分の〝外向きの欲〟の薄さを明瞭に意識したうえで、新たに積んでいく成功体験で上書きするしかないと私は結論づけています。

具体的にはやはり、「3WANTSモデル」の①を手掛かりに、自分の周辺をよく見て考えることから始めるとよいと思います。「みんなが喜ぶだろうな…」と思えることです。自然にやってみたいことがドンドン湧き出てくる生まれつきの人でないならば、意識する力と必要条件から自分にとっての目的を探し出すのが王道です。「周囲が助かるだろうな、それをやれる自分になりたいな」と思えることを探し出して、自分のネガティブ・フィルターとのせめぎ合いにも何とか勝てそうな1つを選ぶ。

どんな小さなことでもいいのです。むしろ最初は小さい方が良いでしょう。とにかく意識して行動することが大切だからです。実現すると周囲の人が助かり、喜ぶことで、その実現にあなた一人の作業ではダメで周囲から協力を引き出さなくてはならず、あなた自身がその実現が本当に大切だと思えること。どんな小さなことでも、今、1つ選ぶのです。そして一旦選んだらあれこれ考えずに、もう死んだつもりになって、ひたすら行動する！　とにかくやってみるのです。そうやって、みんながやってみたくなり、みんなの力がどうしても必要で、あなた自身が本気になれることを、自分の周辺を見渡して考えてみてください。

しかし、あなたが、その3条件を満たしそうな何かを思いついた時、間髪入れずにあなたの脳は「失敗したらどうしよう」というブレーキをかけてきます。ここが踏ん張りどころです。もう失敗してもよいからやっちゃってください！　むしろ、失敗してもよいくらいの小さなことから肩の力を抜いて始めてください。そして必ず実行して、成功か失敗か、それなりの手応えを感じるところまでフォロースルーしてください。その時に、もしも成功したら味を占めてください。脳は飛ぶことに少し慣れたので、今度はもう少しだけ大きなリスクを取れるようになっているはずです。

そして、もし失敗したらどうするか？　ここが肝心です。この時に、自分に言い聞かせるように「あー、失敗しても大したことないやん、生きてるやん、楽勝！」と、関西弁でなくてもよいので、必ずその後のインパクトが軽微なことを脳に意識させるように言い続けてください。そして間を置かずに次の目的を追う行動に出るのです。せっかく失敗したのですから、その貴重な機会はそうやって「失敗に脳を慣らす」ことに使いましょう。だって、ヴァイオリンと同じで、リーダーシップは後天的に習得可能なスキルなのですから。欲の足りない人は、コストの引力を振り切った経験がないだけで、何度か飛べば、いつも引き返していたリスクも実は大したことはなかったと、そう慣れるようになっていきます。

私もそうやって少しずつ、「3WANTSモデル」からやりたいことを見つけるトレーニング、そしてリスクとコストの重力にビビる脳を慣れさせるトレーニングを積んできたのです。

それを繰り返し、少しずつ、少しずつ、私の脳も飛べるようになっていった。〝外向きの欲〟を追いかけても大丈夫だと脳に学習させたのです。何のトレーニングを始める場合でも同じことですが、とにかく最初の一歩を踏み出せるか、それがとても大事です。しかし、その一歩を踏み出せたならば、そして、継続することができたならば、あなたは貴重な「欲」にブレーキをかけずに、素直に飛ばせるようになっていきます。慣らすことでメンタルは必ず強くなっていく！　そうやって、あなたの世界を、あなたが望むように少しだけ変える力を強化していくのです。

3 〝討死〟も慣れればどうということはない

リーダーシップが弱い人に典型的に見られる足りないものは、「欲」に加えてもう1つ、それは「行動力」です。既に述べたように「欲」と「行動力」が連鎖しているからです。だから欲が足りない人は、相対的にどんどん経験弱者になるのが必然で、何をやろうにもなかなか強くなれません。しかし、何か1つ目的を見つけて実際に行動するだけで、その1歩が次の10歩や100歩を呼び込む道筋に繋がります。どんな大冒険でも、どんな高い到達点でも、最初の一歩を踏み出せるかどうかが最大の分かれ道になります。最初の一歩を踏み出すことが大事なのですが、行動力のない人は行動しないからそのことを実感できません。

そして何かの衝動で珍しく一歩を踏み出したら、行動力のない人ほど慣れていないので、最初の頃はよく転ぶのです。だから「イタタ！」と思って、失敗の記憶だけを留めてますます踏み出すことを回避するようになってしまう。本当は、誰もが最初は転び続けて歩き方を覚えていくのであって、誰しもが最初から上手くいくとは思ったらダメなのです。赤ん坊が歩き出す時に、どれだけ転ぶかを考えればわかると思います。転んでも赤ん坊は歩き出すことをやめないから歩けるようになるのです。しかも、チャレンジが大きいほど途中で挫折しそうになるのも日常茶飯事ですが、そこで簡単に諦めないし目的自体も変えてはいけません。自分自身の経験を貯めていくために、何か強大な力に物理的に押し潰されて、清々しく完全に〝討死〟するまで、あなたは突き進まなくてはなりません。

本気で全力を尽くしたなら、討死する気分も爽快なものです。私も何百回となく、豪快な討死を繰り返してきました。キャリアの出だしはもちろんですが、最近でももちろんありますよ。誰かにめちゃくちゃ怒られたり、失敗が重なって評価がガタ落ちしたり、誰かと深刻な人間関係のトラブルを抱えたり、そんなコストならカスリ傷のようなものです。重傷を負うのは自分自身のすべてを賭けた大戦で討死することですが、そういう経験が実は最も多くの経験値をくれることを理解していれば、いずれ傷口は塞がってもっと強くなって再び歩き出すことができるようになります。

1つ例を挙げると、私はＵＳＪでの最晩年の２０１６年に「ＵＳＪに第２のパークを沖縄に進出させる」という目的を追いかけて、私の言葉を信じてくださった国や県や多くの方々を巻き込んで全力で勝負しましたが討死しました。合意直前でＵＳＪの株主が変わって計画が中止されたのです。しかし、それでも私の信念は揺るがない。USJがやらないのであれば、私が外に出てまたゼロから計画を立ち上げればよい。そして今、実際に「刀」のプロジェクトとして、沖縄のテーマパークはいよいよ実現に近づいています。結果的に、私も仲間たちも、もっと強くなって、もっと自由になって、以前のものよりもずっと良いアイデアを手にして走っているわけです。諦めない限り、失敗も活かして喰うことができる、バネに変えることができるのです。

すべてはあなた自身の覚悟がどれだけ強いか？　どれだけ執念深くその目的を追い続けられるのか？　そこから始まります。言い換えれば、**あなたの「欲（≒夢）」を追求する覚悟の強さそのものが、あなたのリーダーシップの〝出力〟の上限値**だと思ってください。そしてそれに向かって討死も覚悟して本気で挑戦することができるのか？　最初の一歩を踏み出せるのか？　行動力とはその胆力への問いかけなのです。

我々は恵まれ過ぎていて、昔のサムライと違って本当に命を取られることなんてないのです。ほんの75年前の日本人も、私の祖父たちの世代は、成功しようがしまいが共同体のために死ななければならなかった。そんな時代を生きた人たちの息吹がまだ残っている我々が、この贅沢と安全の蜜漬けのような現代社会で、リスク?失敗が怖い!?って、一体何を言っているのだか!?　そう思うことにしませんか!?　私は心が弱くなった時に、古《いにしえ》の戦国武将が手にした日本刀の凛とした佇まいを手にすることで、その覚悟を固め直すことにしています。こう言うといつも誰にも共感を得られませんが（笑）。

ただし、リーダーシップを身につけて一度しかない人生を輝かせたいならば、誰しも周囲を巻き込んで全力で目的を追うその挑戦に踏み出すことは必須なわけです。だったら「討死上等！」じゃないですか？　失敗恐怖症の〝痛がり屋さん〟のままではダメでしょう。失敗のリスクを過大に感じさせるのは、現状維持を第一に考える自己保存の脳があなたに見せている幻覚です。本当は、ある目的で討死してもまた新たな目的を設定したり、あるいは私のように環境を変えて目的を追い続けたり、たいていはその経験からもっと良い景色が見られるようになるのだから、大丈夫です。

私の盟友、刀の創業パートナーである立見信之さんがかつて放った名言!?と、構造は全く同じです。「理想の相手と付き合えるかどうかは、100人や200人の異性に自分から声を掛けられるか否かに懸かっている」というのです。声を掛けて拒絶されたら自分が傷つくリスクを恐れて、自分から声を掛けることが全くできない人は、勝負の前から負けています。次々にガンガンいける人に比べて、何も経験値が貯まらない、そして何も始まっていない状態が永遠に続いていく、だから何も変わらない。最初の数回の失敗だけへコタレずに継続できれば、だんだん失敗にも慣れてきて、断られることにそんなに傷つかなくなっていき、より理想に近い異性との幸せをいずれ確率的に掴《つか》んでいく。「実は、慣れれば大したことない!」で溢《あふ》れているこの世界の法則を、失敗恐怖症の人は一生知らないで生きていくのです。もったいない!!

その最初の数回を乗り越えられるか? 勝負はそこに懸かっています。私は、その最初の数回の心理的ハードルを越えていくのが「欲の強さ」だと言っています。数回やってダメであったとしても、心は慣れて強くなるので、その次の失敗もだんだん平気になっていきます。

そうやってリーダーシップの経験を獲得する挑戦を続ける中で、あなたはいずれ1つの成功体験を手にするでしょう。もしかして周囲から感謝され、評価されるかもしれません。しかし、それよりも何よりも自分自身の達成感を深く心に刻んでください。「やったぞ、やり遂げたぞ!」という感覚です。それを一番大事にしてください。それまでのリスクやコストが、一周回って自己保存にとってプラスになって返ってくるその感覚が、血となり肉となり染みわたって、あなたを次なる挑戦に掻き立てるでしょう。

目的を成し遂げても周囲から評価されないことも多いですが、そんなのは最初から期待しても気にしても絶対にダメです。私もこれまで、成し遂げても全く感謝されなかったことが圧倒的に多いですが、そんなことは歯牙にもかけません。リーダーシップは人に感謝されるためにやっているのではないからです。自分が成し遂げたいことのために、つまり自分のためにやっている。モティベーションは他者とは完全に切り離して、常に自分の中で独立を保たないと、長い旅は危険です。他人の目線や評価の奴隷にされてしまわないように注意してください。自身のモティベーションを独立させ自立させる、これはプロフェッショナルとして長いキャリアを走り続けるための基本です。

感謝されるためにやっているのではない、自分がやりたいからやっている。したがって、気にしないといけないのは、当初の目論見通りに共同体のために役に立てたのか？という点だけです。それがほぼその通りになっていたのであれば、評価されなくても感謝されなくても平気なはず。だって、自分が本気でやりたいことのために戦って、**あなたは確かに世界を変えたのですから！** 大きな世界でなくてもいい、自分の周辺の小さな世界でもあなたが望む方向へ、確かに変えた！　その達成感だけで十分なはずです。その達成感こそが、あなたが確かにこの世界に存在している〝手応え〟であり、あなた自身が確かめられる〝あなたが生きている証〟なのですから。

周囲の評価も心配しなくて大丈夫です。よほどおかしな組織なら話は別ですが、長い目で見ると、そうやって自分の周囲をみんなのために少しずつより良く変えていくあなたは、周囲から信頼され、結果として組織からも評価されていきます。共同体の役に立つという目的さえ間違えていないのであれば、短期で一喜一憂せずに中長期で目的達成を積み上げていくと、結果的にあなたは否が応にも組織にとって欠くことのできない人物だと見なされていきます。

生まれ持った〝外向きの強い欲〟のおかげで、そのサイクルをたまたま幼少期から回し始めていたのがL属性(Leadership)の人の正体です。今、自分にリーダーシップが足りないと思う人は、今からでも遅くないのですから、L型の人にも決して負けないでください。第1章で述べたように、T型(Thinking)の物凄いリーダーも、C型(Communication)の強烈なリーダーも実在します。何度も言いますが、リーダーシップは、ヴァイオリンと同じ、後天的な〝スキル〟です。まずは、小さなことから始めて、そのサイクルを大きく回していってください。最初の一歩を踏み出せるか、そして最初の数回でヘコタレないこと!

自らが起点になって、周囲を巻き込んで、ある目的を必死になって追いかける。その経験さえ積めれば、誰であっても、どんな特徴であったとしても、それなりに身につけることができるスキルがリーダーシップです。その経験を積み上げた先に、興奮と共に目を覚ます毎朝が、きっとあなたを待っています。

第4章

日本人のリーダーシップはなぜ育たないのか？

どうして日本人のリーダーシップが育ちにくいのか？　それは日本が「欲」を否定する社会だからです。

我々日本人の多くは、「欲」に対して正直に行動することを自身の脳内で打ち消すようにプログラムされており、ある意味で不自然に生きています。したがって、日本人の多くがリーダーシップ経験をできるだけ積まない人生になっている。現時点でリーダーシップが弱いのは、実は、その経験の質と量の不足が主な原因であって、本人の生まれつきのポテンシャルのせいではない。我々は、文化的に自分のポテンシャルが見えにくくされているのです。

日本は、社会全体におけるリーダーシップへの〝需要〟も、経験を積める機会の総和としての〝供給〟も、もともと貧弱な国家だったのではないでしょうか？　その小さな〝リーダーシップ市場〟を、日本人の中で相対的に欲の強いL属性の人だけでシェアを分け合っている。それがリーダーシップにまつわる日本社会の基本構造だと私は考えています。

日本社会の特徴には良い点がたくさんありますが、残念ながらその特徴が裏目に出ている構造的大問題の一つが、このリーダーシップ育成環境の貧弱さだと思います。社会を発展させる原動力である「欲」をお互いに遠慮・否定させる文化…。だから強いリーダーが育たない。しかし、その〝構造〟をよく理解してしまえば、一人一人が何に留意すればむしろ有利に生きていけるのか、その焦点が見えてくると思うのです。

逆から考えれば、実は、この日本は「経験したもの勝ち」になっているということです。つまり、そのことに早く気がついて意識的に自分の行動を選んでいけば、今の自分よりも、そして周囲よりも、大幅にリーダーシップ能力を向上させて、本当に「やってみたいこと」が叶っていく人が増えるはずです。そのために本章では、我々がいる日本のリーダーシップにまつわる構造がどうなっているかを深掘りしてみたいと思います。

1 「日本でしか使えない日本人」問題

名だたるグローバル企業で共通の課題になっているのは、日本人のリーダーシップがどうしても弱いという問題です。新入社員のスタート時点でもうとんでもなく弱く、やっとミドル階層まで育っても、同じようなクラスのアメリカ人や、中国人や、インド人や、欧州人に比べて、〝自分の言うことを聞かせる力〟がどうしようもなく弱いと。

こういうことを聞くと、「それは日本人と彼らのスタイルの違いであって、必ずしもリーダーシップが弱いわけではない！」と反論したくなる日本人が少なからずいることも知っています。しかし、現実を直視すべきです。どんなスタイルであったとしても、他文化の人々に理解されずに「影響力が弱い」と認識されている時点で、国際環境でリーダーシップが通用していないことの証拠ですから。私は敢えて断言します。国際舞台で活躍するビジネスパーソンの文脈において、一般論としては確かに、日本人のリーダーシップは甚だしく低いと認めざるを得ません。

それがグローバル企業の多くで有名な、「日本市場でしか使えない日本人」問題です。**日本人は人種や言語や文化の壁を越えて、リーダーシップを発揮できる人がものすごく少ない**のです。だから日本人に任せられるのは日本市場だけだと。どうすれば日本文化出身者がもっとグローバル環境でリーダーシップを発揮できるようになるのか?と多くの企業が悩んでいます（大半はもう諦めています）。第二次大戦後、日本人が世界中で仕事をし始めてとっくに半世紀以上も経つのに、真の意味でのグローバル企業のトップ層まで勝ち抜いた日本人マネジメントがほとんど皆無であることからも、その問題の深刻さは想像できるでしょう。

考えてみれば、この国は病的なシステムを未だに改革もせず昔から固守しているから当然です。幼少期から〝型〟にハメて、自分の欲を抑制することを反復学習させて、大人になっても同調圧力をかけて欲求に素直に行動する人を叩く。前近代的な〝村の共同体意識〟から、突出する成功者には称賛よりも妬みやっかみの非難、出る杭は打たれてほしいわけです。まるで日本は〝ジェラシッ子〟パークです。そんな国からは、突出した才能を持つ異能者は逃げていきますし、強いリーダーも確率的に生まれるわけがないですよね。強欲なカルロス・ゴーン氏は日産自動車の社長になれたけど、日本人の誰ならGEやアマゾンのトップになれるだろうか?という話です。

日本では教育システムの構造が、世界を舞台に戦える人材を育てることが難しくなるように構築されています。Self Awareness（自分を理解している度合い）が甚だしく低い子供を、平均値の歯車になるように大量生産して、本当は大人になっていないのに社会人？というとことにしています。そして社会人？になってもまだ「何がしたいかわからない」まま、周囲に合わせて受動的な人生を送ることに疑問を持たないようにしているのが日本人のマジョリティーです。当然ですが、Self Awarenessが弱いままではリーダーシップも強くはなりません。自分が本当に何を成し遂げたいのか「欲」が不明瞭なのに、ギリギリの状況を突破する馬力は絶対に出てこないからです。

まだ反論したがる人がいるとすると、それは日系〝グローバル〟企業をグローバル環境だと誤解されている人ぐらいでしょうか。そういう人は、自分のいる文脈が、日本人であることが特別に有利に働く特殊環境であることをまずは認識すべきです。もしご自身のリーダーシップに自信があるなら、日本資本ではないグローバル企業に転職して戦ってみたらいいでしょう。日系企業よりも給料は格段に高いですし、腕に覚えがあるならぜひ挑戦してみてください。一度ちゃんと経験してみると、グローバルで活躍することが難しい本当の壁は英語でも専門性でもなく、〝日本人環境〟を超越できるリーダーシップが圧倒的に足りないことだと悟るはずです。

私はかつて、P&Gジャパンからキャリアをスタートさせて、アメリカのP&Gグローバル本社で働いた経験があります。私はP&Gで社員のリーダーシップを鍛える社内トレーナーを長年していたのですが、同じP&Gでも日本人とアメリカ人の大きな違いについて非常に興味深い経験をしました。日本だけでなく、アメリカのグローバル本社で同じ研修を実施した時の話です。まず驚いたのは、日本の組織では研修参加者がL属性である比率はだいたい2~3割だったのに対して、アメリカの組織では2倍以上、毎回の参加者の実に半分以上がL属性だったのです。ちなみに、アメリカの参加者のリーダーシップの個人レベルも平均値が圧倒的に高いと感じました。入社年次から考えると日本の方が社歴の長い人が多いのに、アメリカの方がより強いリーダーシップを発揮する人で溢《あふ》れている。何度やってもそうなりました。Tでは日本の方が上をいっているのに、Lでは日本が圧倒的に負けていました。

もちろん、15年以上前のP&Gという一企業の話ではあります。しかしそれぞれの国で全く同じコンピテンシーモデルを使い、全く同じ採用基準でリクルーティングをかけていたので、その傾向の差はそれぞれの国の母集団の特徴をそれなりに反映していると私は考えています。アメリカ社会は日本と比べて、リーダーシップが強い人間を育てやすい構造になっているのではないか?と思いました。

その差を深掘りする仮説の1つとして、私は両国で子育てをしたのでピンとくるものがあります。アメリカは、人種、宗教、言語、貧富の格差など、あらゆる条件のバラつきが社会に内在しており、個々人の意図やアジェンダがあっち向いたりこっち向いたり常にバラバラです。個人の「欲」のベクトルの交錯が、日本よりも遥かに激しい社会構造をしています。したがって、**アメリカ社会ではリーダーシップが強くないと、自分の欲求をほとんど満たせない構造になっている**のです。

わかりやすく言うと、日本人みたいに他人のことをいちいち気にしないのです。他人の目を気にしたり、他人の利害を思いやることよりも、自分の欲しいものを必死に取りにいかないと生きていけない社会です。そんな国で育つ子供たちは小さい時から、自分が何を欲しいのか考えて、自己主張の激しい友人たちに囲まれて揉まれて、リーダーシップを鍛える修行を自然に積んでいく、そういう社会になっています。

私の娘が通っていたアメリカの現地の小学校でも、まだ小学生なのに「どうやったら相手が自分の望む方向に動くのかを考えさせて行動させる教育」をやっていたのに驚きました。子供用のモノポリー（人生ゲームのようなボードゲーム）を教材に使って、最終的に自分が勝つために、どのように周囲と有利に連携するのか、そのためには誰にどのような条件で交渉するべきか? そんなことを授業で遊びながら学んでいるわけです! 日本では「自分の欲は抑えなさい、周囲のことを考えなさい」と教育されることはあっても、「自分の欲を実現するにはどうすればよいか?」を本気で考えさせる授業なんて見たことも聞いたこともありません。そもそも、日本人は、そういう「Deal(自分の要求を相手に呑ませる交渉術)」はやりたくない、もっと言うと〝やらなくてもよい〟文化だったのだと思います。その方が、もともと似た者同士のこの狭い島国を統治するためには都合が良かったからでしょう。

実際に私も驚いてギョッとしたことが何度もあります。例えば、アメリカの本社で私がブランドマネージャーをしていた時の部下(アメリカ人女性)に、やるべき仕事とその期待値を説明して指示を出したのです。その直後に彼女が何と言ったか!? **「理解はしましたが、それをやることによって私に何のメリットがあるのですか?」**と真顔で聞き返してきたのです。日本の組織で育った私の認識では、そもそも論として、仕事は共同体のためにやることがデフォルトになっています。ブランドマネージャーである私の指令に対し、内容理解のための質問ならば慣れていましたが、個人のメリットを納得しないと働かない、なんて世界があるとは想像したこともありませんでした。

ちなみに、私は20秒くらい黙ってしまいましたが、「その経験を積めばそれだけキャリアが有利になる」と答え、その意図も詳しく説明したように記憶しています。他にも、顔を見合わせるたびに「自分が何をすれば昇進できるのか？」ばかり明るく聞いてくる部下もいましたし、入社直後の新人なのに「自分はいつ昇進できるのかを明確にしてほしい」と要求してきたのもいましたね。私もだんだん慣れてきて、即座に質問返しすることができるようになりました。「あなたはどう考えているの？　あなたは何があれば昇進できると思いますか？」みたいに。そうやって時間稼ぎをしながら、その相手にとって適切な答えを考えて話すようにしていました（笑）。

繰り返しになりますが、15年前のP&G本社での話ですし、アメリカの中でも特別に〝我の強い人間〟が集まっていた環境であることを前提で理解してください。しかし、日本のP&Gも日本の中で特別に〝我の強い人間〟を本気でリクルーティングしていましたから、それなりに日本人とアメリカ人の違いを反映していると私は考えています。

いずれにしても、そういう「己の欲」に忠実な質問？意見？をぶつけられるだけで、こちらは相手が欲しいものを明確に認識してそれなりの影響を受けてしまうわけです。彼らはそうやって自分の欲しいもののために、照れずに、遠慮せずに、真顔で影響力を行使するのに迷いがないのです。それは積極的に欲しいものを獲りにいく強さ。善悪ではなく、その差は大きく、その経験を積み上げていく人生での差はさらに大きくなり、そういう人々が束になった時の国としてのリーダーシップの強さも、その延長線上で全部が「差」として繋がっているはずです。

良いのか悪いのか、〝謙虚さ〟や〝恥を知ること〟を美徳にする日本人には、己の欲をオープンに追求することはなかなかハードルが高いのです。少なくとも、孫正義さんや柳井正さんくらいのお金持ちになればもう〝別次元〟の存在として妬まれませんが、中途半端な富裕層は何をやっても妬まれて叩かれるのが日本です。「欲」や、その結果としての「成功」を表に出すと周囲から徹底的に叩かれる社会になっていて、そのことを幼少期から繰り返し刷り込まれていますから…。

人々を束ねるのにカロリーが要るアメリカに比べて、個々人の欲が社会的に抑制されて表通りを歩きにくい構造になっている日本社会は、何をやるにしても人々をまとめることがそんなに難しくない環境でもあります。アメリカと違って、我が強い人が少なく、人に合わせることに慣れていて、個々人の望むものの差異が多くの面で圧倒的に小さいからです。つまり、**日本社会はリーダーシップがそれほど強くなくても生きていける社会だった**ということです。必要性が小さければリーダーシップは育たない。

しかし、これからはどうでしょう？　低迷する経済が何十年も続き、日本の相対的な国際的地位も豊かさもどんどん下がっています。これまで豊かな国の内側で平穏無事に生きてこられた日本人ですが、これからはもっと国の外から富を稼いでこなくては国が成り立たない時代になっています。否が応にも、アメリカ人や、中国人や、インド人などに囲まれて、その衝突する利害の間で、自分の欲しいものを明確に主張して、周囲を巻き込んで実現していかねばならない。そんな強力なリーダーシップを発揮できる人材が山ほど必要な時代です。果たしてそういう人材を生み出せる構造にこの日本社会はなっているでしょうか？　あるいは少なくともそうなれるように社会的な構造改革は進んでいるでしょうか？　残念ながら、私の目には日本社会全体が、漆黒の暗さにしか見えないのです。

2 日本人女性が抱えるダブルパンチ

そしてもう一つ、日本に顕著な大きな構造的問題があります。日本は、先進国の中でも国会議員、管理職、経営幹部に占める女性の割合が極端に低い国です。この原因は、女性にリーダーシップ経験を積ませる機会が幼少期からずっと極端に少ないからだと私は確信しています。日本は社会構造的・文化的に、女性がリーダーシップ経験を積むこと自体が難しいのです。私はフェミニストではありませんが、日本の未来のために強力なリーダーを生み出す母集団は大きい方が良く、本質的にリーダーシップの才能に男女差はないと考えています。私の信念についてお伝えさせてください。

日本は、生まれた時から女の子は「おしとやか」であることを期待され、自身の欲に従った行動を男子に比べて制限されやすく、共学校では学級委員長や生徒会長は男子で、女子は〝副〟であることがデフォルトになっている社会なのです。中世や近代の欧米にもその傾向はありましたが、現代ではその〝損失〟に気づいた彼らは急速に社会を変革させています。しかしながら日本は未だに数々の指標で先進国とは思えない体たらくです。日本で生まれた女子は、単純に社会的？かつ文化的？な制約でリーダーシップ経験を積んで育つ機会が圧倒的に少ないので、社会人になった時点でのLの強さが男子に比べて凄まじく不利になります。

私は強いL人材を渇望しながら新卒採用をずっとやってきたのでわかります。面接で過去にリーダーシップ経験を積んだエビデンスを聞き出すのですが、女子の話す内容は男子に比べてどうしても貧弱になります。私が採用責任者をしていた時は、そのジェンダーによる社会的経験値の差異はある程度考慮して判断するようにしていたほどです。しかし多くの場合、社会人になった後の社会構造においての経験のチャンスはもっと不利になっていくのです。

これまで組織開発をやってきた私の経験では、リーダーシップの潜在能力においてジェンダー差は本質的に〝ない〟と確信しています。ジェンダーによって欲の発露や興味を持つ領域には傾向差はあるように感じますが、欲の強さ自体は〝男女差〟よりも〝個体差〟の方が圧倒的に大きいです。そして私は、多くの女性が素晴らしいリーダーに育っていく過程を実際にこの目で何度も何度も見ています。そこにジェンダーの差はありません。男か女かではなく、**〝その人〟が積んだ経験の質と量の差**です。それは性差に関係なく、単純に「欲の強さ」に比例し、経験を積むことのみで磨かれて大きくなる力です。

ドラクエをやっている状況でわかりやすく考えてみましょう。本来のキャラクター・ステータスの上限値では決して劣っているわけではないのに、Lv（レベル）24のままの日本人の〝魔力〟と、Lv43やLv56まで育っているアメリカ人・中国人・インド人らの上澄み層の〝魔力〟が、同列に比較されて「弱い！　弱い！」と言われている状況みたいなものです。しかしプレイ時間だけを比べると、日本人の方が真面目で残業もしてよっぽど長くプレイしています。でもレベルは彼らみたいになかなか上がらない。なんで!?　それは単純に日本人が酷いレベル差をつけられていることを知らず、経験値を貯めるための正しい行動もしていないからです。いつも同じ狩り場で毎日同じようにキメラやオーク[*2]ばかり叩いているからです！　アメリカ人や中国人の上澄みは、メタルスライムやはぐれメタル[*3]の狩り場を知っていて、効率良く経験値を貯めてレベルが上がっている…。

私は自分で書いていて現状にだんだん腹が立ってきます。でも、私がもっと腹が立つのは、キメラやオークどころか、日本人の中でも多くの日本人女性はもっと厳しい状況にいることです。未だにスタートの村の近くでスライムベスやゴースト[*4]ばかり叩かされているせいでレベルが上がらない！　次の村へ移動して強敵を倒そうとしても「女の子だから危ない」と言われて、本人もそんなものかと毎日を過ごしているのです。日本社会が豊かになるためには、もっと多くの高レベルプレイヤーの出現が不可欠なのに、なぜ女性にずっと蓋をしたままなのですかね？

〝潜在能力の高い女性〟を、ずっと埋もれさせたままの社会は非常に間違っています。多くの〝オッサンたち〟は、半世紀前の日本と比べて良くなったと思っているので危機感がないんです。しかし比べる対象が間違っています。我々が比べるべきは世界で競争する有力国です。彼らは日本なんかよりもさらに半世紀も先を走っています。女性をリーダー輩出の母集団として社会が活かそうとしている。

この日本を、この世界を、より良く変える力を持つ人が一人でも多く現れることは素晴らしいはずです。より良い商品やサービスが生まれてより多くの経済が回るように社会を動かせる人が一人でも多く生まれることは素晴らしいはずです。もっと言えば、あなたの組織に物凄く仕事ができて業績を伸ばしてくれる人が一人でも多く生まれることは素晴らしいはずです。私は、その人が、男性でも、女性でも、全く関係なくありがたい存在だろう、と言っています。女性を完全に含めて母集団を増やした方が、その中に〝外向きの欲（≒夢）〟に満ちた素晴らしいリーダーシップ人材が、確率的にもっと社会に生まれるはずなのです。しかし、これだけ無為に平成30年間を漂流しても日本はあまりにもスローです。社会を変革させる強力なリーダーが生まれにくい社会構造なので、なかなか変わらないループ構造になっています。根が深い。だから仕組みを変えないと変わらないと私は考えています。

私には4人の子供がいますが、そのうち3人が娘です。この日本には多くの女の子を持つ親がいて、誰もが自分の子供が自由に幸福に生きていってほしいと願っているはずです。しかし、多くの日本の親たちは、自分が育ってきた社会がそんなものだと思っているので、女性の可能性をダブルパンチで削っているこの壮絶な機会損失の異常さに気づかずに、危機感が足りません。しかし、冒頭でも申し上げたように、リーダーシップとは結局、複雑な社会の中で自分が望むように自分の人生を生きていく力のことです。この日本で生まれた女性たちにとって、そのリーダーシップ経験を積めるチャンスが極めて貧弱であるという現実を理解していただきたい。そして、自分の娘たちのただ一度のかけがえのない人生の可能性に、その不公平な社会構造が日々制限をかけてしまっているという問題意識を共有していただきたいのです。

そして、自分の目に見える範囲において、リーダーシップ経験の男女間での機会均等を、どしどし前例を覆して実現していただきたいのです。社会として、ポテンシャルの高い女性を早く見いだして、意図的にはぐれメタルを叩かせて「リーダーをつくるシステム」が必要なのです。まずは、学校生活において、大人になるまで男女差に関係なくリーダーシップ経験を貯めやすい教育環境の整備が必要です。企業組織であれば、大量にいる〝ボンクラなオッサン〟を早く引きずり下ろして、そのポジションに、可能性が高い女性を早く引き上げて経験を積ませる人工的な〝仕組み〟を早く、そして徹底的に機能させなくてはなりません。そうでないと大多数である既得権者の自己保存本能に引っ張られて、その企業組織は永遠に変わらないと私は確信します。

リーダーシップが強い人がもっと増えれば、個人の、そして社会の多くの「欲」が実現に向けて動き出します。それこそが資本主義社会を発展させる力の根源です。そしてリソースの半分は女性なのです。日本の人口の半分を占める女性は男性に勝るとも劣らない「欲」を持っています。この国はそれをちゃんと活かせずに、どうやって他国との競争に打ち勝っていけるのでしょうか？

3 〝羊気質〟〝痛がり屋さん〟から脱却しよう

構造的な話をしてきましたが、どんな環境であったとしても個人レベルでできることはたくさんあります。そして、多くの日本人がまだ頭の中に文化的に埋め込まれた「欲に自分でブレーキをかける」回路の存在に気づいていません。だから、それに気づいて行動できる人にはむしろ有利な状況ともいえるでしょう。

はっきり言って、一刻も早く、誰かに埋め込まれた習慣である〝気にしなくてよいはずのものを気にする変なクセ〟を自覚して、それを意図的に排除すべきです。それであなたはもっと自由になれる。自分が本当に「やってみたいこと」、その内なる声がよく聞こえるようになって、もっと素直に行動に移せるようになっていきます。結果としてあなたの一度しかない人生はより輝くはずです。

アグレッシブな外国人を見た時に、その押しの強さや我の強さ、自分のことしか考えていない様子に対してあなたはおそらく好感情を抱かないでしょう。むしろ、相手の気持ちや、周囲の気持ちや、世間体や、人々の〝和〟に配慮できる人間を「上」と見なす、そのような文化的圧力が日本の特徴です。それにはたくさんの良い側面もあります。しかし「周囲に配慮できる自分」というものの本質を突き詰めて考えたことがあるでしょうか？

相手のことを考えて、みんなのことを考えて、人の気持ちを考えて、自分のやりたいことや欲しいものを我慢する。日本社会では一見して自己抑制が効いた「美徳」に見えるこのような傾向を評価するのですが、それって本当に正しいのでしょうか？　もしも我慢しているものが自分だけの利しかないのであれば、その人が何を我慢しようがしまいが自由です。まして誰かの権利を大きく侵害し、害が大きいのであれば我慢することは正しいでしょう。しかし、害でないならば、自分が欲しいものを勝手に周囲に忖度して我慢するのは、社会の活性化から逆行するので、本当は間違っているはずです。そして、もしも「やりたいこと」が共同体にとって正しいことであれば、周囲への配慮のために遠慮するというのは、とんでもなく間違っているはずです。

もっと本質を考えてみましょう。

他人の権利を侵害するわけでもないのに「欲しいものを諦める」のも、共同体のために良いことなのに「やりたいことに挑戦しない」のも、本当は周囲への配慮なんかじゃありません。そう自分に言い訳しているだけです。その正体は「自分が痛い思いをするのが嫌だからやめている」だけ。それを〝羊気質〟と言います。羊気質の人はとにかく、痛いのが嫌で、自分がかわいくて、自分が平穏無事で傷つかず生きていくことに必死です。欲しいものを追いかけるのにも臆病で、もしも手に入らなかったら自分にガッカリして傷つくので、やらないことを選択するのが大好きです。また、「やりたいこと」をやった結果、周囲と摩擦が起こって怒られたり責められたりするのが怖いから、やらないことを選択するのがほとんどデフォルトになっています。

本当は周囲のことを思いやっているのではなく、周囲から反撃されて自分が痛い思いをすることを常に心配している。それは周囲への優しさでも思いやりでもありません。単純に、〝弱さ〟です。自分が痛い思いをするのを避けるために〝痛がり屋さん〟がする典型的な言い訳、それが「周囲の人々の気持ちを考えて」です。それほど本当に〝周囲〟が大事ならば、自分が周囲のために痛さや責任を負ったらいいじゃないですか。共同体のために正しい目的ならば、やればいいじゃないですか。そして本来はやるべきでしょう?

「痛くないように生きていく」。それも一つの生き方でしょう。しかし、もう一つの生き方があることも意識しておいていただきたいのです。それは「やりたいことをやって生きていく」こと。どちらの人生の方がその人にとって魅力的なのかは本人が決めることです。しかし、その選択の際に、これまでの自身の経験だけで「どうせ頑張ってもやりたいことは実現できない」という感覚は、本来のご自身の潜在能力を大いに過小評価したバイアスがかかっている可能性があることを頭に入れておいていただきたいのです。この日本社会の構造的な問題、Self Awarenessが低いまま、リーダーシップ経験をほとんどさせないこの社会では、ご自身の本来のポテンシャルよりもずいぶん低いところの景色しかまだ見えないはずだからです。

信じていただきたいのは、どんな残酷な世界であっても、あなたは確実に、どう生きるか、そしてどこで生きるかを自分で選ぶことができるということです。置かれた環境において相対的にやってみたいことに対して行動を起こし、できる限りのリーダーシップ経験を積んで成長していくことは、誰もができるはずです。また、今の環境に情熱を十分に持てなくて、難しくても、自分がリーダーシップ経験を貯めやすいと思える環境を選び直すことは必ずできるはずです。

最終的にはやはり、それは環境ではなく、個人の問題なのです。自分自身でSelf Awarenessをもっと高めること。自分自身のためにリーダーシップの必要性に気づくこと。その能力を積んでいくために自分にとって必要な経験が何なのかを明瞭にすること。その獲得のために必要な行動へ勇気を持って踏み出して変化を起こすかどうかを決断すること。個人としてやるべき課題は実に山のようにあります。それはどこまでいっても、環境のせいではなくて、〝あなた自身の選択〟の問題なのです。

このゲームのルールは、「経験したもの勝ち」です。そして、選ぶのは自分なのです。社会や日本のためというよりも、まずは自分自身の生きがいある人生のために、どうしたいのかを考えて決めていただきたいと思います。その選択として、リーダーシップ経験を強く求める人が増えていくことを、私としては強く願っています。そういう人が増えた結果として、この日本社会が豊かになっていく。この日本においてその人たちの情熱が、一つ一つの夢（=意欲）を叶えていくのですから、それだけは間違いないと確信しています。

第5章

リーダーシップを育成しやすい環境へ泳げ！

リーダーシップがより発揮しやすい環境とそうでない環境があります。強いリーダーシップ技術を身につけるためには、より質の高い経験をより多く積む必要がありますので、自分が今いる環境がどれだけ自身のリーダーシップを磨くために適しているか、適していないのか、じっくり考えて理解することは重要です。

もしも、ご自身の環境があまりにもマズいと思うのであれば、リーダーシップを身につけるという目的に立脚した正しい選択は2つだけです。1つは、ご自身のリーダーシップでその環境を好ましいものへと変化させること。もう1つは、それがどうしても無理であるならば、ご自身がその環境から別のより好ましい環境へ移動することです。各々の人生やキャリアの目的に照らして正しい決断をしていただきたい。本章では、その判断の助けになることを願いながら私のパースペクティブ（世界を認識できる視界の広さ）を述べさせていただきます。

リーダーシップの習得に有利な環境には3つの特徴があります。そしてその3つは相互に相乗的に関係して、年単位の時間の経過とともに、必要な経験の質と量に決定的な影響を及ぼします。

しかしながら、それを話す大前提として、読者の皆さんが、ご自身のリーダーシップが十分に発揮できないことを、現在の環境のせいにしていただきたくはないのです。あくまでも、リーダーシップは強いご自身の「欲」とそれを実現する覚悟から生まれてくるからです。環境はそれを増幅させるための二次的な要素です。そもそも、どんな環境であったとしても、本来はあなた自身の選択によってキャリアはどうとでも選べるわけです。最終的にはすべて自分次第という矜持《きょうじ》を持って読み進めてください。

1 リーダーシップを伸ばしやすい3つの環境

特徴を強みとして活かせる環境

どんな人にも特徴があります。その人のある特徴が強みになるか、弱みになるかを決めているのは、環境なのです。例えば、相手や立場に関係なく思ったことを積極的に発言できるという特徴は、その特徴を強みとして活かせる環境に入れれば「素晴らしい」となるのですが、そうでない環境に入れれば「立場もわきまえず秩序を乱す」となってしまいます。そもそもご自身の主軸となっている特徴（T、C、Lの属性判定で主となった自身の特徴）が、有利に働く組織に身を置いて自分の役割を果たすことは、リーダーシップ以前のキャリアの前提として誰にとっても極めて重要です。

そのために最も大事なのは、自分の特徴をよく理解することです。自分自身を知っている度合いをSelf Awarenessと言います。それをどうやって高めていくかが一度しかない人生でキャリアを成功させるために不可欠です。何歳になってSelf Awarenessに目覚めても、そこからの人生を輝かせることができるのですから、自分の特徴をしっかりと把握することに遅過ぎることはありません。

人には生まれつきの特徴があり、その人の特徴に合った役割は実に〝たくさん〟あります。自分の特徴を活かせる職業の方が多いのですが、中には向いていない職業もあります。向いていない職業とは自分の特徴が決定的に裏目に出る仕事です。その数少ない不正解だけは避けて、たくさんある正解の中からどれでもやりたいことを1つ選んで、自分の特徴をひたすら磨いて宝にしていくのがキャリアです。しかし、自分の特徴をしっかりと考えさせることがついにない日本の教育システムのせいで、多くの人が自分の特徴をよく知りません。大学まで学生生活は16年もあったはずなのに、学校でも家庭でも一番大事な自分の特徴をよく考えて直視することをせず、ただタイミングに迫られて就職活動をして社会人になってしまいます。

したがって、日本社会では2つの残念な現象が横行しています。1つは、個人の特徴を活かせない職能に就いてしまい、カミソリで杉の木を斬ったり、斧で髭《ひげ》を剃ったりしています。もう1つは、自分の特徴（≒宝物）を明瞭に意識できていないせいで、プロが十分に早く育たないことです。意識できていなければどんな宝物でも磨くことはできません。それでは一人のせっかくの才能と貴重な人生を台無しにしてしまいます。本当に残念に思うのは、今のキャリアが上手くいっていないのは、極めて初歩的な躓《つまず》きに起因していることを多くの人が知らないことです。自分の特徴と今求められている職能が合っていない！　何年たっても10年経ってもプロとしての自分の必殺技は未だに不明確！　私の目から見ると、それらは「己の特徴を深く考えたことがない」という実にシンプルな欠如から発生している問題なのです。己をよく知らずして己を活かすことはできません。

リーダーシップを発揮して目的に到達する挑戦は、数々の山や谷が待ち構えています。それらはつきものと言いますか、現状と理想のギャップが大きいほど、挑戦（≒困難）の度合いは大きくなることは避けられません。私も何度も経験してきましたが、そんな困難を乗り越えるには、常に己の強みを武器にして戦うしかありません。むしろ、自分の強みしか武器にならないのです。逆境でスタイルを変えると必ず敗北します。あなたが世の中を変える力はあなたの特徴からしか生まれてこないからです。したがって、追い込まれた時に事態を打開できるか否かは、己の強みを活かせるかどうかに懸かっています。つまり、己の特徴が強みとして発揮できる環境でないと、リーダーシップの勝算がなかなか立たないのです。

それなりに自分に合った仕事をさせてもらえている…という感覚が持てているのであれば大きな問題はないと思います。しかしながら、もしも今のままではダメだ、この仕事は自分にどうしても合わないという重い悩みの淵にいるのであれば、そもそも論としてそれはリーダーシップ経験を積みにいくどころではない余裕のない毎日にいらっしゃいますよね？　自分起点で人を動かす以前に、その組織の中で周囲の期待値にあっぷあっぷで、ついて行くのがやっとの状態ではないでしょうか。深い劣等感や将来への不安に囚われて、何かに挑戦するどころではない、そんな環境ではリーダーシップ経験を蓄積することはできません。

まずは、キャリア戦略上、ご自身のキャリアの目的に適う環境であること。そしてご自身の特徴を前向きな強みとして発揮できる環境であること。リーダーシップを発揮しやすい環境である前提条件となるのがそれです。もしも自分の強みがどうしても活かせない環境にいるのであれば、私ならば根本的に環境そのものを考え直し、早期に環境を新たに選択し直します。もちろん、その判断は軽々にするものではなく、ある程度のしっかりとした時間と努力で本当にその環境で自分の特徴が伸びるのかどうかを熟慮すべきです。しかし、結論が出ているのであれば、行動しないことは大きな時間の無駄であることは間違いないでしょう。

「自分がやらねば！」と思い込める環境

次に、「みんなのために自分が何とかしなければ！」と思える主体性を維持できるのか？という問題があります。どういうことかと言いますと、周囲の人間が自分よりもあまりに圧倒的に優秀だったら、リーダーシップを発揮するのは簡単ではないということです。属している集団のレベルが自分よりも圧倒的に高く、そのメンバーたちが、自分よりも何でもよく深く速く考えて、何でも先回りして、素早く的確なリーダーシップをガンガン執ってくるような環境。しばらく頑張ってみても、その相対的な力関係であまりにも自分の能力が周囲と比してパフォーマンスとして劣ってしまっている場合…。このような環境に人が置かれた時に、率先してリーダーシップを発揮するための主体性を維持することは難しくなってきます。

実際には、「自分が何とかしないと！」とは、もはやとても思えなくなってくるのです。自分よりも優秀な人たちが「何をすべきか」を指示してくれるし、むしろ自分の考えの穴や甘さを指摘してくれるし、それに従った方が自分も集団も生存確率が高まるような気がするからです。本能的に人間は、リードするよりもフォローした方が楽です。したがって、自分がリードしなくても済む環境。むしろ自分がリードしない方が全体のために良い、そんな環境に身を置いてしまうと、あなたはリーダーシップ経験を積むことが非常に難しくなってしまいます。そのあまりに優秀な集団に対して、皆があなたについて行きたくなるような（動かされたくなるような）目的を設定することも、そこへ向かってあなたが起点となって皆を牽引することもなくなるでしょう。あなたにその動機が湧かないからです。もちろん、それでも受動的に誰かの期待をこなす一役割は担えるかもしれませんが…。

リーダーシップ経験を積むという観点からは、自分が長期間にわたって強い劣等感に沈むほどの〝あまりに優秀な集団〟に属することは決して良くないのです。もちろん多少の差ならば追い上げることはできます。しかもその差が単なる経験の差であればさほど大きな問題ではありません。例えば、新入社員ならば当初は周囲と比べて圧倒的な能力不足ですが、それは主に経験の差であり、根源的なTやCやLの能力ポテンシャルの差ではない。これならば、その新入社員が必死に貪欲に経験を積んでいけば遠からず自分なりの特徴を活かしたリーダーシップを発揮できる環境に身を置くことになるでしょう。

しかし、それがファンダメンタルな能力の差であった場合、その差は経験では埋まりません。そんな場合は、自分の特徴をよく認識して、その特徴を活かすことで組織に対して自分なりの貢献ができるか？　それをよくよく考えることをオススメします。自分の特徴を活かして自分が貢献できるユニークな領域があると思えるならば、その領域で誰よりも詳しくなって専門性を積みながら、リーダーシップ経験を蓄積していくことを目指すべきです。しかし、もしも自分の特徴を活かしたとしても周囲にあまりにも太刀打ちできないならば、自分が組織に貢献できずにむしろ足を引っ張っているかのような罪悪感や劣等感に見舞われるのであれば、リーダーシップ経験を積む目的から判断すると、環境を変えることが正しいと私は思います。

これも現実的なたとえ話ですが、必死で勉強してあまりにも優秀な学校にギリギリで合格した子供は、その後、その学校内の下層で強い劣等感を持ちながら生活することになるかもしれません。そうなってしまったら、その学校生活では人間として最も重要な「自信」を養うことが難しくなるでしょう。そうなるくらいならば、上位3割くらいに食い込めそうなレベルの学校で、上位の友人たちと切磋琢磨して勉学にいそしんだ方がヤル気は出るし、最終的に努力する経験を継続できた方がその子供の能力は圧倒的に伸びるのは間違いありません。素晴らしい学校に合格してしまうことが素晴らしいとは限らないのです。

リーダーシップについても、それと構造は似ていると思います。自分が周囲からそれなりに頼りにされる環境に身を置くことが、リーダーシップ経験を養うためには重要です。もちろん「お山の大将」も度が過ぎると成長を止めてしまいます。しかしながら、あまりに強い劣等感を持ちながら、周囲を巻き込んで皆をどこかに引っ張っていくことは不可能なのです。自分が何とかしないと！　みんなのために自分が頑張らないと！　そう思える環境でないと自分が起点になる動機が起こらない、したがってリーダーシップ経験もその努力の継続もほとんど期待できないのです。何度も言いますが、リーダーシップも「才能∧経験」です。

だったら、自分に合った〝レベル〟の組織を選ぶのみです。必要なのはリーダーシップ経験を貯めることなのですから。例えばTの人であれば、自分のTが相対的に通用する（貢献できる）集団に移動するのです。そこでさまざまな経験を積んで自身の強みを磨く機会を得られる方が、あなたの能力は間違いなく伸びるはずです。強い劣等感を持ちながら経験機会そのものを掴むことができない環境よりも、自分を活かせる分だけきっとキャリアは拡がるでしょう。プロサッカー選手が出場機会のないまま大きなチームに所属し続けるよりも、チームやリーグのランクは低いかもしれないけれども、出場機会を得られる中で経験を積んで活躍する道を志向するのと似ています。

しかし、実際には私のように考える人の方が稀でしょうね。例えば、自分自身への評価とは全く関係ない〝会社の看板〟だとか。5年10年ですぐにでもひっくり返るのに〝当座の待遇〟だとか。誰も先のことはわからないのになぜか〝安定〟だとか。実は世間は誰も見ていないし、気にもしていないのに〝世間体〟だとか。それらのすべて自己保存が創り出した錯覚ともいうべき〝フィクション〟に囚われて、多くの人は目的に対して正しい意志決定ができないのです。だから自分にとっても先が見えているはずなのに、その現実すら直視せずに、今いる会社にしがみつくことがデフォルトになっています。

今日という日は、誰にとっても人生で最も若い日です。そんな貴重な今日を、そして明日を、毎日、毎月、毎年を…。構造的に経験値が貯まらない環境で、そうだと気づいていないがら、人生で最も貴重な時期を無駄にしてしまいます。そうやって無為に蓄積した時間の先に、何らかのプロになっている自分のイメージが明確に描けるなら構いません。しかし、もしも内なる声が「自分はこのままではいけない」と叫んでいるのであれば、一度しかない人生なのですから、本当になりたい自分に向かって行動しましょう。

広い視野と職責スペースが持てる環境

リーダーシップ経験を積むには、属するその組織に、1人が持てる視野の広さや動けるスペースが、十分にあることが重要です。サイロに細分化した構造に個々人を窮屈に当てはめてしまうと、生まれてくるのは視野の狭い小人物ばかりになります。1人当たりの役割を細分化して非常に狭い視野で業務を執り行う構造の組織では、リーダーシップを発揮する際に必要となる全体像が掴みにくいからです。自分の狭い責任範囲で部分最適ばかりに一生懸命になり、全体最適を考える人がほとんどいない、残念ながらそのような組織の方が実は多いと私は思っています。その主な理由は、1人当たりの役割定義、スペースが小さ過ぎるからです。こういう組織では全体像から視野を広く俯瞰して物事を判断する習慣そのものが育たず、したがってリーダーシップ経験を蓄積するのは困難です。

ここで私の古巣P&Gのマーケティングについて私見を述べましょう。私の古巣でもあったので、今まで幾つもの拙著の中で「今のP&Gはだいぶ変わってしまったのですが…」と婉曲的に伝えてきた点について掘り下げます。リーダーシップを身につけるために必死の想いの読者の皆さんのために、私も踏み込みましょう。結論から言えば、私が育った頃（1996

〜2010年）のP&Gと今のP&Gは思い切り違った会社構造になってしまっています。あくまで私見ですが、私がもしも優秀なマーケターになりたいのであれば、新卒や若手の転職先として、今のP&Gのマーケティングを選ぶことはないでしょう。

その主な理由は、私が育った頃のP&Gジャパンが、1つのブランド全体のP／Lに責任を持てるブランドマネジメントシステムを有し、若くして経営者としての広い視野を育てる経験が積める構造にあったのに対して、今のP&Gではそれが厳しくなってしまったからです。1つのブランドにまつわる責任を細分化して分業化し、誰かが1つのブランドに一貫して責任を持ちにくい構造、本当のブランドマネージャーが誰なのかよくわからない構造になってしまったように、私は思うからです。

私が育った頃は、ブランドマネージャーである私が、コンセプト開発や商品開発、テレビCMやコミュニケーションの開発から価格戦略・流通戦略、さらに店頭マーケティングの展開、川上から川下まで一気通貫で責任を持っていました。したがって、このブランドが上手くいった時、あるいは上手くいかなかった時、誰の責任であるのかは明確です。だからP／Lにも責任が持てたのです。その責任の所在が明確であるプレッシャーに鍛えられながら、私は親会社P&Gの傘下にある1ブランドの事業社長のつもりで、このブランドに起こるすべてに責任を負う覚悟でビジネスに向かい合ってきました。当然ですが、その視野はブランディング全体、そしてブランド経営全体に及ぶ毎日を積み重ねてきたのです。

しかしながら、2006年あたりから始まったグローバル構造への移管によってP&Gは大きく変わってしまいました。それまでの日本市場は、日本法人が川上から川下まで責任を持っていた構造でしたが、本社機能をシンガポールに移しました。それによって、私のいたヘアケアでは、コンセプト開発などの〝川上〟の仕事をスイスのジュネーブに集約し、テレビCM開発などデリバリーの主力業務はシンガポールに集約し、流通戦略や店頭マーケティングなどのローカル業務の主力を各国（日本もその一つ）に置き、1つのブランドを川上・川中・川下の業務に分けてそれぞれ別々の〝ブランドマネージャー〟が担当し、別々の国で時差を超えて〝協働〟するという妙な組織形態に変わりました。

彼らがマネージしているのはブランドでなく、ブランディングをバラバラにした、頭部か、胴体か、脚部か、そのうちのどれか1つの部品でしかありません。それぞれ〝狭義のマーケティング〟を狭いスコープで経験する。そんなブランドマネージャー?が3人もいて、それぞれの異なる思惑で国境の時空を超えてリレーをしても、一貫した意志決定やビジョンの共有、そして早い意志決定は相当に難しくなることは容易に想像できるでしょう。

後輩たちは、その不可思議で超複雑な組織構造の中で、消費者の方に向けるべき膨大なエネルギーを、社内の合意形成に消耗し続ける毎日に疲弊していることでしょう。自分が育った時代と比べるとあまりにも気の毒だと思っています。業務も複雑かつ難解になって困るのですが、最大の問題だと考えるのは、それでは1人のマーケターが本当に1つのブランディングを担当するという経験、リーダーシップを貯める経験を、もはやできない構造になってしまっているということです。最近のP&Gはその一例にすぎませんが、自分の職責のスコープの大きさには常に最大限の注意を払ってください。リーダーシップ経験として本当に必要なのは、あなたの視野を大きくする、より大きな鉢です。

2 「大企業の仕事は大きい」という幻想

小さな責任範囲では、リーダーシップは育ちにくいのです。その問題は、P&Gに限らず、多くの大企業が抱えている現在進行形の問題です。そしてその問題の中にいる人は自分では気づけない。自分の視野の狭さに自分で気づくのは非常に難しいのです。これが大企業に勤める人の多くが無自覚な点です。大きな会社にいる方が大きな仕事ができて、多くの経験ができていると信じたい大企業信仰の強い人々に対して私はハッキリと申し上げます。そんなことはないのです。

巨大な船のどこかの部品を1つ作るのと、すべてを任されて一隻のヨットを造るのと、どちらがより経験を貯めることができる仕事でしょうか？　それを決めるのはその人の欲する目的次第ですよね？　もしも目的が、リーダーシップ経験を貯めることであるならば、その二択なら私はヨットを主管して造る経験を迷わず取りにいきます。もしも巨大な船の建造プロジェクトが部品1つではなく、その全体を主導する大きな責任範囲を有し、多くの人を巻き込んで成し遂げる巨大プロジェクトの指揮であれば巨大船の方をもちろん取ります。しかしながら、最初の二択ならば迷いません。自分がそのプロジェクトをできるだけ広く大きな視座で見られる立場へ自分のポジションを進めることは、プロジェクト自体の規模などとは比較できないくらい遥かに重要だと確信しているからです。

しかし、いわゆる「Establishment」と呼ばれる古い大企業にいる方々によく見られる傾向なのですが、プロジェクトのデカさと自分の仕事のデカさを混同(勘違い)している人がいます。自分は大きな仕事をしていると思っていても、よく考えると〝規模の大きなプロジェクト〟というだけだったりします。それは会社としての取り組みの規模の話であって、自分自身の職責スペースが大きいかどうかとは本質的に関係ありません。それよりもご本人の職責スペースの真相を直視してみましょう。縦割り組織で縦に細かくスライスされた後に、異様に多い職級階層のせいで横方向にも細かくスライスされた結果、職責自体のスペースは狭く、小さく、しかも他の人に苦労なく代替可能な状態になっていませんか?

そこまで言われても「確かに!」と思える人は実は少ないでしょう。新卒からその会社しか知らずにそんなものだと思ってきたので、自身の職責の驚くべき小ささの真相に気づくのは簡単ではないのです。もちろんそんな環境でも何年も経験を積み重ねると、その狭い職責に応じた何らかの経験は積み重なっていくでしょう。しかし、職責範囲が大きな中で育った場合と比べて、経験値の獲得スピードがあまりにも遅く、非効率になります。そのような構造では大きな視野で物事を見にくく、リーダーシップを発揮する経験が積みにくいからです。

私は常に「花よりも実を取る」ことにしています。これは私自身のキャリアの指針の一つです。自分が勤めている**企業や携わっているプロジェクトの規模ではなく、実際に自分が携わる職責のスコープの大きさを重視して職場を選びます**。それは、自分自身を強くする経験をくれるのは、企業名でもプロジェクト名でもなく、自分の職能を強くする経験そのものであり、自分の視野を拡げて視座を高くするリーダーシップ経験の蓄積だと確信しているからです。しかし世の中には、名刺の肩書きや役職をすごく気にして生きている人が多いですよね？　私にはそれが不思議でたまりません。私は名刺の肩書きなどは本当にどうでもよいです。だから名刺自体も持ち歩くのをしょっちゅう忘れてしまいます。私は猟師の端くれですが、銃を選ぶ時も気にするのは「命中精度」です。見た目やブランドでは獲物は倒せないのと同じ話です。

名刺に書いてある会社名は、ご自身で創業したのであればともかく、ご自身の評価とは本質的に関係ありません。私は、自分自身のスキルや実績そのものを誇りに生きていきたいのです。自分の親や先祖が優秀であっても、それを自慢に生きることは己の矜持としてみっともないと思います。それと似た話です。本質的に「自分は何ができるのか?」を見つめていたい。誰にも盗まれない、自分自身の中に蓄える本物の実力。〝能力〟をどれだけ積んでいけるか? そのための経験として自分は何を実利として取りにいくのか? その人にとって、大きな会社にいること自体よりも、個として強くなることがより重要ならば、迷わず「花よりも実を取る」べきでしょう。

今のEstablishmentでも社内競争に勝ち抜ければ、ほんの僅かな人だけが何十年も時間をかけた先に、スペースが大きい修行の場を体験できるかもしれません。それは中小企業では体験できない何千人や何万人を巻き込んだ豊かな体験になるかもしれません。しかし、先ほどのP&Gと同様に、その確率はどの程度ありますか? そしてあなたは何歳になっていますか?という話です。そしてその何十年もの間、あなたは挑戦する心を失わずにいられるでしょうか? そして、日本の古い大企業の最大の問題は、部長や役員などのハイポジションでさえ、明瞭な意志決定権限をほとんど持たない構造になっている場合が多いこと。役員が30人も40人もいる会社で、どうやって自身の決断力を鍛えますか? 誰がどこで意志決定しているのかわからない、そんな組織でいつになったら自分のリーダーシップ修行に有利なスペースが手に入るでしょうか?

一方で目線を変えれば、多くのベンチャーや新興企業もリーダーシップ人材を求めています。既得権で若い芽を押し潰すゾンビが比較的少ないのも、リーダーシップ経験を蓄積するのに有利なスペースがもらえるのも、古くて大きな会社ではなく〝新天地〟であると、一般論としてならば言えると私は考えています。また、あなた自身が起業したのならもっと最高です。膨大な責任範囲と経営者目線で24時間365日、もはや逃げようのないリーダーシップ経験にまみれた生活を手に入れられます。

しかしながら、Establishmentの中にいる人の多くは、自分たちが大きな会社にいる分、1人のやっている仕事の責任範囲は小さいかもしれないという危機感を持たず、むしろその逆だと思い込んでいる人の方が多い。大企業の方がリーダーシップの経験が積めると根拠なく思い込んでいる。そのような人は、他と比較できる転職経験を豊かに持たないのであれば、私のようにさまざまな企業組織を何百と深く研究したこともないならば、その思い込みの根拠は何でしょうか？　自分は違う？　自分の会社は違う？　それは本当でしょうか。

簡単なことです。構造的にEstablishmentはもう既に大きいので、業務の割に〝人数〟があまりにも多いのです。巨大な組織を動かすために構造が権限ごとに縦割りで官僚組織化し、毎年「自己保存」の本能を震源にして人数は膨張します。官僚組織の人数の増加率を計算する数式である〝パーキンソンの法則〟を拙著『確率思考の戦略論』（KADOKAWA）に載せておきましたので興味のある人はそれを見て納得してください。膨張する官僚組織は、とにかく人数が無駄に多いのでレイヤー（職務階層）も無駄に物凄く多くなります。

笑い話ではなく本当の話ですが、ある大企業には、企画部長、企画部長代理、企画部理事、企画部長代理補佐が同時にいらっしゃいました。その会社はさすがに極端としても、補佐や代理や理事など、妙に職級の階段が小刻みで多いのはEstablishmentの共通の特徴です。ポジションをつくらないと人数を増やすことを正当化できないからです。人数が多いので、どうしても1人当たりのスペースは小さくなります。多くの古い大企業が会議の際に、上から下までゾロゾロと人が出てくるのも、その中で一番偉い人以外は完黙で何も話さないのも、その会議でそれだけの人間の時間を無駄にするだけの余裕があるからです。そんな場所では、自分が広い責任範囲で仕事をする機会に恵まれること自体が構造的に難しいと私は言っています。

今の日本にリーダーシップの強い人材が育たない理由は、日本社会において〝大企業志向〟が強過ぎることです。今はだいぶ大企業志向は薄まったと思う人もいるでしょうが、いえいえ、まだ圧倒的に強いと私の目には映ります。優秀な学生が、よく頭を使わずに、実はリーダーシップを伸ばしにくい大企業にホイホイと吸い込まれています。アメリカならば一番優秀な学生は、むしろ起業です。優秀な学生は選択肢の最初の方で就職しようなんて思わない人の方が多いのです。昭和から連綿とプログラムされてきた〝サラリーマン・パースペクティブ(勉強して、良い学校に行って、大きな会社に就職できれば人生は勝ち組だ)〟の強固な刷り込みのせいで、未だに多くの優秀な若者が大企業での幸せを信じて「寄らば大樹の陰」で就活を考えていることは問題だと私は思っています。そして大きな会社の大きな組織のほんの小さな一部分に組み込まれて、大したリーダーシップ経験を積む機会にも恵まれず、多めの給料と中間管理職のゾンビたちに甘噛みされて、いつしか自分もゾンビになっていく…。

そもそも〝安定したサラリーマン〟になろうと無意識に刷り込まれているその虚構は、誰に仕組まれたのか? それは本当に自分の意志なのか? 一度立ち止まって考えてみてもよいかもしれません。大企業によっては確かに安定する会社もあるでしょうが、大企業だから安定するわけではないですし、大きいからこそ積みにくい経験もあります。Establishmentに乗ることによって得られる当座の安心にも必ず代償があるということですね。Everything has cost.です。そういうことをちゃんと知っておくことは一つのキャリアの知恵です。

知ったうえで自分のキャリアの目的のために、あなたは何を選択するのか?

要するに、それも会社の看板で考えるな、ということです。大企業に勤めようが、小さな会社で頑張ろうが、自分自身の求める目的に照らして、どんなスペースの職責を与えられて、どんな経験を積んでいくのが正解か？　箱の大小はどうでもよく、自分にとっての〝その中身〟が大事だということです。ただし、リーダーシップ経験だけで考えると、人手不足の中小企業やベンチャーの方が概して有利であると私は申し上げています。もちろんのことですが、それは一般論ですから、大企業だからダメということでも、小さいから必ずスペースがもらえるわけでもありませんので、個別の事情はよく調べて考えてください。自分が欲しい経験が得られるのか？　その先にどうなっていくのか？　それをしっかりと考えることです。狭い水槽から大きな鯉は決して育たないように、狭い職責からは大きなリーダーは生まれにくいのです。それが真理です。

第6章

仲間を本気にする関係性をどうやって築くのか？

リーダーになりたい／より強いリーダーを目指す、あなたへの提言として、この章では、人を本気にさせるために、日ごろからどういうことに心を配って大切な仲間たちと人間関係を築いていくかということについてお話させていただこうと思います。まだ半世紀も生きていない私ではありますが、頭をぶつけながら悩みながらその点について試行錯誤してきました。周囲の人々を本気にできるかどうかは、動かしたい相手の**「仏の部分」を尊重できるかどうかに懸かっている**と痛感しています。「仏の部分」とは私の造語で、その人が根源的に持っている「強み」のことです。平たく言えば、その人をよくわかったうえで、その凸凹のすべてを〝まるっと〟認められるかどうか。そのお互いを尊重した「共依存関係」の構築こそが、中長期で最もパワフルな〝人を動かす秘訣〟だと私は考えています。その考え方を皆さんとじっくりと共有してみたいと思います。

1 共依存関係とは何か?

利害関係を超えたところにあるもの

自分の特徴が人の役に立つことは素晴らしいことです。社会性動物である人間は、個人差はあれども誰もが、本能レベルで自分が人の役に立つことで大きな喜びを得られる情緒的な回路を持っています。そのために自分が〝人に上手く使われる〟こと、そして自分が〝人を上手く使うこと〟は、この社会で一人一人の特徴を強みとして活用するための不可欠な、そして素晴らしい組み合わせです。つまり、誰かの強みを誰かが引き出す時、お互いが同時に輝いているということ。すべての人にとって、自分の力を発揮するチャンスを創り出してくれる他人は物凄くありがたい存在です。特にSelf Awareness(自分自身の特徴の理解)がまだ脆弱なキャリアの前半において、自分をよく理解してくれて、自分の何かを買ってくれて、期待してくれて、引き上げてくれる人。そういう自分を活かしてくれる人に巡り合えるかどうかは、キャリアの一つの分かれ道になるでしょう。

例えば、私にとっては、ＵＳＪに私を半ば強引に引き込んでくれた元社長のグレン・ガンペル氏（以下、グレン）がまさにその人でした。彼は、私の特徴をよく理解し、ＵＳＪを大勝利に導くという、またとない活躍のチャンスをくれた人です。

しかしグレンは、〝意地悪なスーパーコンピューター〟か、〝超絶ネガティブ思考の一休さん〟のような人でもありました。彼独特の凄まじい思考力を駆使して、常に容赦のない本音の圧力をぶつけてくる人でした。大企業の典型的な行儀の良い〝サラリーマン社長〟とは真逆で、私との激論が過熱すると（Ｆの４文字を含めて）ビジネスの場には相応しくない言葉を乱発する人でした。そんな彼でしたが、本当に凄いと思うことがあります。それは、「どんな時でも私の能力を心底本気で信頼してくれている」という私自身の感覚が揺らいだことは、思い返してみても本当に一度もなかったことです。信じられないくらい激しい議論になっても、私が本気でやりたかったことを彼が最終的にやらせなかったことは一度もありませんでした。彼は、私を本気で信頼し、本気で必要としてくれていたと、当時も今でも私はそう思えます。実は、未だに私がそう思えていることこそが、リーダーとしての彼の凄さだと思うのです。

私の方も、グレンの凄まじい知性と、規格外のパースペクティブ（世界を認識できる視界の広さ）の大きさを尊敬し、信頼していました。だからこそ、思ったことを本気で彼にぶつけましたし、私も相当な迫力と強い言葉の組み合わせで彼を遠慮なく論破する意気込みで議論していました。彼のどんな反論も毒舌も、むしろ彼からの信頼の証ぐらいに感じていたので、全く平気だったのです。父親といってもいいくらいに年齢が離れ、他の幹部からも明らかに怖がられていたグレンでしたが、私は常に仕事にかかわらず政治や時事や、家庭の悩みやプライベートの趣味など、あらゆる話題で彼とは本当に対等に議論させてもらっていました。彼のおかげで私のパースペクティブは別次元に拡がりましたし、彼に遠慮なく考えをぶつけ、二人の議論で〝洗濯〟された思考のおかげで、自分自身の計画に存在した死角に何度も気づくことができました。

あの時の二人の関係性は何だったのか？　グレンにとっての私は、ＵＳＪのトップラインを激変させるための最強の手駒であったのは間違いないでしょう。自分にはない分野の専門性と発想力でＵＳＪを飛躍的に成長させ、長年にわたる自らの野望を何としてでも成し遂げるために、彼はどうしても私を必要としていた。しかし私は、彼の中にはそれだけではない何かがあったと確信しているのです。

グレンが２０１５年11月に、12年にも及ぶＵＳＪでの挑戦を大勝利で終えて、ついにアメリカに帰国するその日の出来事です。彼が大阪から発つフライトを見送るために、私は空港で彼を待ち伏せしてサプライズで奇襲しました。ＵＳＪでの使命を成し遂げ、12年間にも及ぶ重圧から解き放たれ、既に私に対しての利害関係が全くなくなった彼の、屈託ないまるで子供のような笑顔を見たのはあの時が最初で最後です。あの時の彼の表情が今でも忘れられません。

その１年後の２０１６年12月に、今度は私がＵＳＪを使命完了で去る決断をし、その際にＵＳＪは会社として盛大な壮行会を催してくれました。その「森岡さんを送る会」の、たった30分程度の出番のためにサプライズとして現れたのは、はるばるアメリカから駆けつけてくれたグレンだったのです。利害関係がなくなってもなお、このためだけにアメリカの中でも不便な州の彼の自宅から大阪へと何十時間もかけて、70歳に近かった彼が弾丸で往復してくれたのです。あの時の感激も忘れられません。

彼と私は、利害関係を超えたところで強く結びついていました。その根底にあったのは、何も言わなくても、相手を認めて、相手からも認められていることが、お互いに揺るぎなく深いところで〝わかっている〟という感覚です。お互いにプロとして対等で、尊重し、もはや利害をも超えて信頼し、壮大な挑戦を一緒に戦って成し遂げてきた〝戦友〟としての関係だったのだと思います。

人を活かす存在になること

グレンと私の事例に潜んでいるエッセンスを整理してみます。それは、①同じ目的をそれぞれが自発的に追求する関係性であること、②お互いの強みを尊重した共依存関係であること。その2つが特徴的だと私は見ています。

その共依存関係の内訳は、彼にとっての私は、彼の12年間を賭けたUSJ再建を成し遂げるための切り札。私にとっての彼は、自分の能力を世の中で本気で試す舞台を用意してくれる存在であり、その強烈な思考力で戦う前に私の死角を減らしてくれる存在。そしてお互いにあったのは、自分の強みをこの相手が一番わかってくれているに違いないという強固な信頼でした。それで私は猛烈に〝動かされた〟わけですが、その本質は、私は動かされていたのではなく、完全に自分事として〝自分の強い意志で動いていた〟という意識だったこと。ここが重要です。

パワフルに人を動かすということは、動かす人と、動かされる人という能動⇔受動の関係をつくることではないと私は思っているのです。相手に、どうやって自分事として「やらされる」のではなく「やりたい」ことの〝主体〟になってもらうのか？　そこがキモです。そのために、人間の中にある「人の役に立ちたい」という社会性動物ならではの強い欲求を衝きつつ、その相手と自分の間に、上下関係ではなく、その人の主体性を喚起させるために必要な〝対等な関係〟を構築すべきなのです。端的に言えば、自分が、その人を活かす存在になればよいだけなのです。グレンがそうやって私を上手く活かしたように。

そこに本気でコミットできているならば、自分はその人にとって、中長期にわたってキャリアを切り拓いていくための強力な後ろ盾、あるいは熱烈な支援者という位置づけになれるでしょう。その時に、自分から見るとその人は、目的さえ明確に共有できれば、それをどこまでも自発的に追いかけて力を発揮してくれる、かけがえのない仲間という位置づけになるでしょう。その関係は、信頼と利害という2つの楔《くさび》でお互いを強力に結びつけるのです。逆にその関係ができていないと、自分と一緒にいて大変な挑戦ばかりになれば、その人は使命の難易度の高さに自己保存が難しくなって、苦しくなって、いずれ去っていくことになるでしょう。

したがって、人を動かすということは、本人すらもよくわかっていないことが多い相手の「仏の部分」を理解できるか?ということであり、そしてその特徴を活かせる役割を探してその人をどれだけ勝たせることができるか?ということと、ほとんど同義だと思うのです。では、相手の「仏の部分」をどうやって見極めるのか? それこそがノウハウなので、できるだけシンプルに説明してみます。**その人が何が好きなのか（何に興味がある人なのか）をひたすらよく考える**ということです。具体的には、その人が好きなこと（名詞ではなくて動詞）が何なのかを意識しながら、その人とよくよく話し、その人の行動をよくよく観察することで見えてきます。その人ならではの特徴が見えてくるのです。

私が最も重視するのは、現在のスキルや強みを超越した、もっと根源的な、その人が持って生まれた可能性に辿り着くことです。なぜならば、自分も含めて、人間の発展途上の今の力よりも、練って磨いた後に光る〝未来の完成形〟にこそ、より巨大な魅力を感じるからです。したがって注意すべきは、今の本人の何かを、自分や他者と比較するのではないということです。あくまでも**その人の中で相対的に好きな「〜すること」を探り当てる**のです。よほど尖っていれば話は別ですが、他者と比べると、「仏の部分」は見えにくくなってしまいます。私にとっても、他者と比べてしまうともはや楽しい〝特徴の宝探し〟ではなくなり、自分の当座の役に立つか、立たないかの〝単なる評価〟になり、相手への不満や葛藤が生まれてしまいます。

特徴が見えてきたならば、その人の特徴が活きる仕事は何なのか？と考えてみます。特徴が「特長」に変わるか、弱みになるかを決めているのは、実は環境なのです。〝じっくりと考えることが好き〟な特徴は、マイペースでできる環境では高く評価されるでしょうが、火事場では怒鳴りつけられることになるのです。私が「特徴」という漢字を敢えて使っているのにも意味があります。特徴それ自体はプラスでもマイナスでもないという認識だからです。

そして仮説に基づいて幾つか環境を設定して、本人に実際にその仕事をしてもらった時、その「仏の部分」の仮説に対するさらなるデータが貯まっていきます。本人がどう感じながらその仕事をしていたのか、上手くいった点、そうでなかった点、これからもっとどうしていきたいのか…。その「動詞」は、その人にとっての「仏の部分」になり得そうか？ そうやって考えながら一緒に働いていると、本人すら気づいていない本人の素晴らしい特徴に気づくことがよくあります。それを見つけて本人と相談して、さらにその新しいアングルでの宝探しを一緒にやっていく…。

結果的に、組織全体としては、より精緻な〝適材適所〟に近づき、本人のキャリアも、自分の強みに気づく、自分の強みを成長させられる、そして何より自分が勝つ喜びを得られる、結果としてキャリアは本人が想像する以上に拓けていく…。そう目の前の人に思ってもらえる存在にどうやってなるのか? それができれば、相手は自らの意志で、自分と共通の目的のために力の及ぶ限り動いてくれるようになります。

1つ私の具体例を添えておきましょう。「刀」はベンチャーでしたので、最初の頃は大きな人事組織は持つことができずに進んでいましたが、急成長する中で強力な〝人事のリーダー〟を立てることを決断しました。刀の目的を実現するための組織開発をリードし、私や他の幹部と伍して議論できる強力な戦略人事のプロフェッショナルです。そこで白羽の矢を立てたのは、人事畑の経験が全くない、市場分析・戦略立案分野で素晴らしいキャリアを築いてきた大石広和さんです。人事経験が全くないのにどうして!?と思う人もいるでしょうが、私は彼の「仏の部分」を知っているので、刀の戦略人事を任せられるのは彼しかいない、彼でなくてはならないと確信したのです。

ベンチャーに必要な「戦略人事」に最も大切な素養は、人懐っこさでもなければ、労務関係の事務を粛々とこなすことでもありません。重要なのは、組織構築のための戦略性の高さです。最初から完璧な組織などはつくり得ない中で、目的のためにどのようにリソースを配分するのか。言い換えれば、目的のためにどこに意図的に弱点をつくるのかということ。組織構築とは、戦略そのものズバリなのです。だから、私が求める戦略人事の素養は、高度な戦略性、重厚でブレない思考の耐久力、会社の目指す普遍的な価値観（公平性など）が共有できること、そして私のようにクセの強い人間にも負けずにガンガン議論ができるリーダーシップ力…。それら一つ一つの美徳を思い浮かべて、パズルのように組み合わせたら、私の中ではバッチリと大石さんの顔になった!!　大石さんしかいない！と。

居ても立ってもいられなくなった私は、「刀の冒険のために、『戦略人事』のプロになってください！　これは戦略そのもの。大石さんじゃないとダメなんです!!」と思い切りお願いしました。言われた彼も、最初はびっくりしたと思います。しかし、彼の類稀《たぐいまれ》な強みを知っている私には確信があります。私が構想する素晴らしいと思う根拠、そして大石さんの「市場調査分析スキル」と「戦略人事スキル」がエグイくらいの相乗効果になって、どんなに凄い『大軍師の絶景』が見られるようになるのか!?という未来像を二人の頭の中で生々しく描いて共有するのみです。それだけを根気よく話してヤル気になっていただきました。

人事トップの役割を担ってから、大石さんはもう狙い通りの素晴らしい戦略人事ぶりです。刀のあるべき原則、構造、リソース配分、評価制度など、人に好ましい行動をさせる確率をどう高めるのか？　彼は客観的で冷静で、組織への情熱は素晴らしくて、良い意味で頑固です。彼の「仏の部分」をビカビカに輝かせてくれています。

優秀な人事って、知識も大事ですが、本当は知識じゃなくて、前述の通り「戦略性」なんです。知識なら後からでも補えるのです。私は、さまざまな会社を見ていて思うのですが、特に大きな会社において、会社の構造をゼロからつくった経験のある人事畑の人はほとんどいません。転職市場にいるほとんどの人事パーソンも、事務としての人事経験はたくさん積んでいますが、既に出来上がった構造や枠組みをどう回すかという経験しか積んでいません。会社が生まれて成長するに従って、意図的に組織構造をどう変えて、新たな成長を呼び込んでいくために構造的強度をどこに構築するのかを考え抜いた「戦略人事」の経験がある人はなかなかいないのです。

人事畑に部隊編成の「陣立て経験」がある人がいないならば、その才能があると信じられる人にその貴重な経験を積んでいただくのが正しい。だから私はよく知っている大石さんの根源的な「仏の部分」に刀の未来を賭けた。そして彼はその社内転職に真摯に取り組み、大活躍をしてくれています。総じて、現段階の知識やスキルよりも、その人の本質的な「仏の部分」がその人のポテンシャルを最大化します。その部分に気づいてあげること、そしてよく尊重して本人に自信を持ってもらう。それを上からではなく、あくまでも対等なお付き合いの尊重関係でやっていくことだと思います。

しかし、相手の「仏の部分」を理解して対等な「尊重関係」を築くことがリーダーシップの根幹だとは、まだ多くの人は気がついていないように思います。なぜならば、多くのビジネスパーソンは、〝対等関係〟よりも短期的な成果を出しやすい〝上下関係〟で人を動かそうとすることが基本スタイルになっているからです。受動的なモティベーションで動かされる人は、中長期的に主体性を持って動ける人には絶対に勝てません。そしてもちろん目的次第ですが、組織全体としても、受動的な人が幾ら増えてもメンテナンスが大変で、自分にとっても結局は組織の管理限界に到達するのが早くなるだけです。

受動的なモティベーションで典型的なのは、〝怒られるのが嫌だから働く〟というもの、そして〝褒めてもらいたいから働く〟というものです。古い大きな会社にはこういう受動的な人が大多数であるというのが私の観察ですが、間違っているでしょうか？　こういう人は、ムチやアメをもらうことで、モティベーションを他人に依存しないと働けないので、他人との巡り合わせによってパフォーマンスが乱高下しますし、ましてこの人がリスクを冒してでも先頭に立って周辺世界をより良く変えるなんてことは極めて難しいのです。

しかし、ご存知のように、日本社会はこういう人で溢《あふ》れかえっています。親に褒められ、先生や周囲に褒められるのが嬉しいから行儀良く勉強してより高い偏差値の大学に入ることは刷り込まれても、自分がどんな特徴を持ってどんなことを成し遂げたいのかという「生き方」をついぞ深く考えさせない教育システムで、Self Awarenessが脆弱なまま大人?になる社会構造だからです。羊気質、怖がり屋さん、痛がり屋さん、クラゲ気質…。私があちこちで、さまざまな表現をしてきた、この大量のもやっとした大人?たちの根底は同じです。それは**モティベーションに主体性がないこと**です。そして、その問題は「教育システム」の問題と、個人に主体性を持たせにくい日本社会の「組織構造」の両方が噛み合った二重の足枷《かせ》になっています。

そんな社会で暮らす我々は、個人レベルでその危うさに気づくことから、まずは自分を変えていくしかありません。そして良いこともあります。人を活かせる技術を身につけるあなたは、羊の群れの中ではむしろ超絶に輝くということです。周囲がかなり暗いおかげで、少しできるようになるだけで、あなたは物凄く光ります。モティベーションを自分の中から生み出せる存在になること、そして自分の周辺の人々を、あなたと同じように主体性を持たせる人に導くことができるようになれば、それは超絶希少なリーダーシップ・スキルです。

2 褒めることのリスク

人をあなたの奴隷にする麻薬

かつてデール・カーネギーが著書『人を動かす』の中で力説していたように、人を動かすために大切なことは「人を褒めること」だという人が非常に多いです。私の「仏の部分をわかっていてあげる」という考え方は、少しだけ重なるところもありますが、実はカーネギーの言うそれとは大きく違うことをぜひ理解してください。私は、数々の反省から「リーダーはやみくもに褒めることを主眼に置くべきではない」という考えに立っているのです。それは中長期的に〝上下関係〟という別の大きな組織問題の扉を開くことになるからです。

私も、褒めるということがいかにパワフルかを知っています。人間は自己保存の動物です。

自己保存欲求の中でもとりわけ強烈なのは「他人に認められたい」という承認欲求であり、それはもはや現代人の渇望と言えるまでに強い本能的な〝欲望〟です。人は褒められることで、自己保存が喜ぶ（承認欲求が満たされる）ので、褒めてくれる人のために、また褒めてもらうために、進んで行動するようになります。この「褒める」という行動は、実に狡猾《こうかつ》に人間の本質を衝いているので、相手を動かして短期的成果に結びつかせることができるのです。

しかし、それでは長期的な組織の能力に欠かせない、その人の自律性や自発性が育ちません。親に褒められるからという理由だけでひたすら頑張って勉強し続ける子供が将来どうなるか？ それと共通の大問題を自ら組織に埋め込んでしまうことになります。

やることなすこと褒めちぎり、褒めまくる頻度を高く継続していく先にあるのは、人に褒められないとモティベーションが湧かない人、つまり動機づけの源泉を他人に握られて自立できない人をつくることになります。褒められるという刺激は、麻薬的なのです。人は、褒められるともっと褒められたくなる。むしろ褒められないだけで不満に感じるようになります。しまいには、人が褒められて自分が褒められないとまるで貶《けな》されたように感じるようになります。褒めるという行為は、非常に即効性がありますが、大切な仲間たちをあなたの奴隷にしてしまうリスクを孕《はら》んでいるのです。これは非常に大切なポイントです。

私個人の立場でこの点を考えても、常に薄氷を踏むような危うさを感じるのです。私に褒められるために働くようになり、私に褒められないとモティベーションが湧かないなんてことになり…。しまいには、組織のために何をすべきか?ではなく、何をしたら森岡さんに褒めてもらえるだろう?という思考回路を形成してしまうことになります。逆もしかりです。私が過度に怒ることを乱発すると、ビビり度が高い人から私に怒られないために働くようになりますね。それらは非常にヤバいことです。周囲をそんな人たちで固めてしまったら、その組織の持続性はどうなるでしょうか? 実際に創業のカリスマが健在なほとんどの会社で、その問題は極めてリアルです。激烈に褒める、激烈に叱るというアメとムチを振るい続けた結果、そのカリスマに何かが起こった時には企業の持続性が問われるような会社で溢れています。いつまでも創業カリスマが引退もせず、後継者の顔も全く見えないあの会社とかこの会社とか…。いずれにしても問題の本質は、トップであるそのリーダーが積み重ねた行動そのものにあります。

もちろん私も、その人が良い成果を出した時には、その達成を共に祝う感覚で、当然のことですがちゃんと褒めるべきだと思いますし、実際に褒めるようにしています。しかし私は、成果ベースで人を褒める塩梅《あんばい》は、麻薬にならない程度に意図的に気をつけているのです。褒め過ぎることで、上下関係による奴隷をつくりたくない。刀を持続性ある構造として創業して、立派な次世代たちを〝信頼する仲間〟として育成して、彼ら／彼女らにこの刀を託すまでが私のミッションだと決意しているからです。これほど偏狭な生まれつきの私が辿り着く未来に、そんな誇らしい日が本当に来るのであれば何て痛快なんだろうと、その時を渇望しています。

褒めるよりも〝認める〟ということ

では何をどう褒めるのが良いのか？　私なりに考慮している褒め方について述べましょう。それは「褒める」というよりも「認める」という感覚に近いです。

私は確率論者ですから、成果が出るかどうかは、実は最終的にサイコロの目が決めていることを知っています。最後の勝敗は、偶然、つまり時の運なのです。したがって、結果が出たとしても、たまたま6が出たことを褒めるよりも、6を狙って出そうとしたその人のアプローチのどこがどう優れていたのかを診ようとします。そこに「仏の部分（その人らしい特徴）」が見えず、たまたま6が出ただけなら敢えて褒めません。敢えて言葉に出すと「結果が出たことは良かったですね」となりますが、それ以上でも以下でもないので言葉に出さないことの方が多い。しかし、もしもそこに「仏の部分」が現れていた場合は、「6が出て素晴らしい！」と言うのではなく、「6を出す確率を上げるために鳴らしたあなたならではの音色（特徴）、それこそが素晴らしい！」と言ってあげたいのです。

逆に結果が出なかった場合はどうでしょうか？　ここでも「仏の部分」が発揮されたのか？あるいは発揮しようとしていたのか？　そこに着眼します。「仏の部分」の発動なしで失敗していたなら、そこに気づきを持ってもらうために必要ならば、本気でフィードバックをします。結果はもちろん大事だから、目先の結果よりもむしろ中長期の結果を出す確率をどれだけ上げられるかが重要です。「そのために今回は自分のどんな強みを発揮しようとして取り組んだのですか?」と。そして「仏の部分」を頑張って発揮していても結果が出なかったのであれば、勝敗は時の運ですから、責めるどころか自信を失わせないために「自分の特徴を活かしてよく戦いました！　そのやり方をもっと磨けばきっと結果はもっと出るようになるので続けることです！」と勇気づけてあげたいのです。

即座のフィードバックで大事なのは、評価ではなくて、コーチングです。もっと言えば、自身の行動がポジティブに世界に受け止められたのかどうかという経験則を、本人の〝深淵なる潜在意識〟に刷り込むのが、フィードバックの主な目的だからです。潜在意識に何かを刷り込むには行動直後が一番良いのです。その瞬間に、本人の成功確率が上がる行動を認める、そうでない行動は結果だけを見てむやみに褒めないことが、本人を中長期的により大きく育てるための私の基本的な考え方です。評価は後でよいのです。

というのも、私の組織であれば、成果そのものは後々に評価でどのみちきっちりと待遇に反映されることになるので、結果を結果として褒めるというのは主戦場ではないと考えています。韓非子《かんぴし》とマキアベリ[*5]に影響された私は、組織における人の評価は非情であるべきと考えており、情緒をできるだけ排して、評価は結果のみで公平かつ冷徹にやることを徹底します。しかし、だからこそ私からの精神的なアクノレッジメント（認めてあげること）は、むしろその人の「特徴＝仏の部分」と、それを磨こうとする意識と挑戦心に集中するようにしているのです。

そうでないと、1つの結果だけを見て、2回撫でられるか、2回殴られるかという組織になってしまいます。もちろん結果が出ることは非常に大事ですが、中長期的にその人が結果を出す確率をもっと高めることの方が、既に出てしまった偶然のサイコロの目を云々するよりも遥かに重要なのです。したがって、本人が自分の特徴や強みに気づくことが極めて大切で、そこに気づかせて自信を持たせることが「仏の部分を愛する」ということ、つまりリーダーの役割だと考えているのです。

そうやって、誰かの本質的な特徴を「わかってくれている」から「わからせてくれる」存在に自分がなっていった時、自分の周囲には、どこかに自分自身を遥かに凌ぐ突出した能力を持った人たちが、集まり、育ち、どんどん増えていくようになります。そうなっていけば、目的さえ明確に共有すれば、自分で考えて、自分の「仏の部分」を最大限使いこなす自信に溢れたプロフェッショナルが、それぞれの音色を吹き鳴らす組織が出来上がっていきます。

一人一人が、私のためではなく、共同体のため（＝本人のやりたいことのため）に必死に頑張ってくれるようになるでしょう。私が刀でやろうとしている組織の在り方は、実はその大いなる実験でもあるのです。

本気の連鎖を生み出す

まとめますと、褒めるという行為は、人を動かすための非常に強力な麻薬であるがゆえに、その麻薬性に気をつけねばなりません。もしもあなたが短期的な成果を自分に都合良く、できるだけ早く掻き集めたいのであれば、もう叱ったり小言を言ったりするのは一切やめて、人の顔を見る度に褒めて褒めて褒めて褒めちぎればよいでしょう。その代わり、褒め方は表層的ではダメです。ご自身にどんな腹黒い動機があったとしても、相手を褒めるのであれば、本気で心底褒めてください。心にもないことを口先だけで語っても、相手は褒められたとは感じません。本気で「褒める」ことができるならば、短期的にはその方が高確率で成果を最大化させます。

しかしながら、もしもあなたが、持続可能な組織をつくることにコミットしているのであれば、やはりその麻薬に頼り過ぎてはダメだと私は考えます。褒めることであなたの奴隷を増やすのではなく、認めることで自立したプロを育てるように相手を尊重し、それぞれの人生のために相手を本気にしなくてはならない。それは褒めるポイントが違うとも言えるでしょう。結果を褒めるのではなく、結果をもたらす確率を高めるその人の特徴を〝慈しむ〟ということです。私の中ではそもそも「褒める」というよりも「愛する」とか「感謝する」という言葉に近いのですが、その人の持っている「仏の部分」にありがたく手を合わせる感覚です。まあ、だから昔から〝仏〟の部分という何とも変な表現になっています。そこの強い想いを仏という言葉に込めているのですが、どうでしょう…。伝わるでしょうか?

そして、相手を認めるということは、相手にとっては時として厳しいことにもなります。相手の役割と特徴を認めるということは、あなたの中には相手に対する低くはない期待値が同時に設定されるからです。そのことは相手にとっては大きなやりがいでもあり、同時に大きなプレッシャーでもあります。もしも相手が目的を共有してモティベーションに主体性がある人でないならば、あるいはもしもその相手が〝目的思考の人〟でないならば、あるいは最悪、その相手が両方とも欠けているならば、そのプレッシャーはその人を潰してしまうリスクを孕んでいますから注意が必要です。

簡単に言えば、〝痛がり屋さん〟、共同体のために人に嫌われてでも目的を達成することよりも、自分が嫌われないことや痛くないことの方が大事な人では、ダメだということです。そういう人は、本気の連鎖による真剣勝負の連続にはどのみち耐えられません。したがって、いつまでも〝痛がり屋さん〟のままの相手ならば、「認めるコーチング」をしてもダメで、まずはマインドセットを変えることに集中します。

マインドセットを変えるためには、まず、こちらが誠実であることが大切です。誠実であるためには、まず相手に対して言うべきことを冷静かつ明確に伝達します。相手の逃げ癖や言い訳などの〝痛がり屋さん〟特有の行動が、組織全体の目的に適わず、どうしても許容できないこと。そして、具体的にどう行動すべきだったのか、そしてそれは目的に照らしてなぜなのか。さらに、そのマインドを変えるとキャリアがどう拓けていき、変えないとどう閉じていくのか、そのあたりも誠実に伝えます。

ナイスであるためには、クールでなければなりません。その話し合いの中から、相手が「よし！変えてみよう、挑戦してみよう！」と自ら決心することを狙うには、あいまいなことを言ってはダメです。自分が嫌われることも避けてはいけません。誠実に本音を話す。そしてこれはコツですが、最後に私が信じる相手の「仏の部分」へのポジティブな想いと、その変わった後のマインドセットが巻き起こす〝相乗効果〟への期待について、前向きなエネルギーを注ぎ込みます。そうやって話し合いの最後の語感に、必ず相手にとっての「希望」を埋め込むのです。

そして、相手のマインドセットが変わったかどうか、相手との話し合いの目の色を見て判断します。相手の目の奥を見れば、本気かどうかはわかります。決して相手の翌日からの行動だけを見て判断してはダメです。人によっては、上手に面従腹背で取り繕う場合もありますし、マインドセットが瞬時に変わっても、慣れ親しんだ習慣行動の変化ですから、望ましい行動がベースに根づくまで時間がかかります。最初は上手くできない、そして、相手によっては、だんだん刺激が薄れて意識変化の方が遠のいていきます。そういうタイプの相手は、たいてい2週間くらいしか意識変化がもちません。だから、あなたは相手をリマインドして、再び行動変化を促す意識変化へのコミットメントをビビッドに蘇《よみがえ》らせねばなりません。

この意識変化と行動変化のタイムラグを理解してあげること、そして元の行動をしてしまった場合でも、本人を責め立てて落胆させたらダメです。むしろ、本人にその行動変化のタイムラグを理解させて、前向きな変化を評価して応援してあげること。ここは信じる力が要ります。だから私は自分の精神衛生上の理由で相手の嫌なところではなく、「仏の部分」をまず見るようになったのかもしれません。そうやって、粘り強く、相手を変わりたい方向へ、なりたい自分になれるようにサポートします。

相手のためによくそこまでできるなと?　とんでもありません。すべては、自分自身のためです。もちろん相手にとっても素晴らしい成長機会になるのですが、そもそもこちらは自分が何としても達成したい目的を成し遂げるために、そうやって「大戦力」を育て上げているのです。だからコーチングそのものでは、偉そうに相手のためなんて思わないので、ストレスもさほどは溜まりません。そして「特徴をどう強みに転換していくか!?」という相手との誠実なキャッチボールの果てに築かれる信頼関係は、とてつもなく強いのです。また、私の場合は、変わろうと本気になっている人を本気で支えるのは、自分自身にとっても極めて充実した精神的な喜びにもなっています。

それでも変わらないのであれば、その人に適した世界へ早めに旅立ってもらうべきです。自信を失わせる前に、早めに旅立たせるのです。この場合、あなたが問題にするべきは、相手の行動変化ではなく、本気で変わりたいという意識変化が起こらないケースです。マインドセットが変わったのであれば、本気で取り組んでいる限り、時間はかかっても行動は徐々に変わります。しかし、もしもマインドセットが変わらないのであれば、こちらが要求することは相手にとって悪いストレスにしかならず、結果的に相手は精神的に潰れるか、反発して組織に害悪を与えるようになります。

残念ではありますが、どれだけ理性でそうしようとしても、自己保存の重力からどうしても抜けられない人は少なからずいます。〝痛がり屋さん〟からどうしても抜け出せない。それはそれで本人の特徴であり、それが活きる不確定要素の少ない文脈で己を活かせばよいのだと思います。

また、人の心に火をつける側、コーチングする側にも注意すべきことがあります。相手を認めていればいるほど、きっと相手ならばここまでは考えてくれているはず、やってくれるはずだと、我々は思いがちです。その期待値が大きく外れた時に、我々は感情に呑まれないように気をつけねばなりません。私の過去の失敗パターンもほとんどそれによって起こりました。相手を信頼して期待してしまうがゆえに、それが裏切られたと感じた時に起こる「怒り」の感情、これを暴走させると適切なコーチングができなくなり、信頼関係を壊します。相手への信頼や期待、そして目的達成への想いが強ければ強いほど、怒りの感情は強くなります。私自身も、25年の社会人生活で、昔に比べると格段にその怪物をコントロールできるようになりましたが、未だに時折その問題が起こります。私もまだまだ修行のど真ん中にいます。

相手の「仏の部分」を見つけて、尊重する。できるだけ対等な関係のまま、強固な信頼で結ばれる。だからこそ、相手はあなたと共有する目的を、自分のやりたいこととして主体性を持って必死に追いかけてくれるようになります。それは、あなたの命令で〝動かされた〟

場合よりも遥かにパワフルなリーダーシップを、その相手自身が発揮してくれる未来を創ることに等しいのです。その人は、あなたがその人に対して行ったやり方を覚え、その先でさらに主体的に動けるリーダーシップの強い人をどんどん増やしていってくれるようにもなります。人を動かすとは、そうやって主体性を持って自分事として動く「本気になる人の連鎖」を仕掛けていくことだと私は考えています。

実際には、自分に従順な人たちに囲まれることが気持ち良い権力者が、アメとムチによる上下関係で支配する組織がほとんどです。特に強烈な創業カリスマが〝健在〟の組織はほぼすべてそうなっているのではないでしょうか？　その結果、次世代リーダーが育たず、その創業者が去った後に組織はどうなるのか？という課題に直面している大企業は山ほどあります。だから、かつて中内㓛が興した巨大な企業体「ダイエーグループ」のように、実質一代で潰《つい》えていく会社が、規模に関係なくほとんどなのです。

だからこそ、この本気の連鎖を仕掛ける技術は輝くのです。私は、新時代の組織の在り方の実験として、刀の持続可能性に最初からこだわっています。私でないと操縦できないマシンは設計したくありません。そこで悩むのは、第一世代のある意味クレイジーな個人技に依存している〝習慣〟を、どうすれば組織として承継可能な〝伝統〟に転換できるのか？という点です。そこでの最大テーマも、人を本気にして主体性を持たせるリーダーシップ力の伝承であり、組織の未来はまさにそこに懸かっているのです。私の試行錯誤もまだまだ続きます。

第7章

私自身の悪戦苦闘のリーダーシップ

今の私を見て、あるいは私が仲間と共に達成してきたさまざまな実績を見て、多くの方から身に余るご意見や論評をいただくことが増えてきました。「壮大なビジョンを創出して多くの優秀な人々を活躍させる素晴らしいリーダーだ」と。しかし、お褒めいただくその人間の出発地点と、今現在にも続いている暗闘を知っている当人には、冷や汗ばかりが出てしまいます。とんでもなく酷かった自分のドン臭い歩みと、自分の性格ゆえに苦しむ〝業の深さ〟が生々しいからです。「昔から優秀なリーダーだった！」と少しでも思えればよかったのですが、残念ながら私の場合はそうではありません。そして今も、自身の常軌を逸した熱狂と熱量を、どうやって乗りこなすのかという修行の真っ最中におります。

私は、リーダーシップ・スキルが後天的に育成可能であり、しかもそのスタイルは可変や拡張が可能であることの生き証人です。私の状況や経験がそのまま当てはまることはないでしょうが、私が学んだエッセンスが一人でも多くの皆さんのパースペクティブを拡げられることを願っています。この章では、そんな私の歩みをケーススタディーにして、私自身のリーダーシップのスタイルがどんな状況でどのように変遷していったのか、そしてその中でどのような核となる学びがあったのか、それらを読者の皆さんと共有させていただこうと思います。T属性（Thinking）やC属性（Communication）の人には、Lの人（Leadership）の苦しさがどういうところにあるのか理解することに役立てばよいですし、L属性の方は似たような心の葛藤を客観視することで何らかの気づきがあれば幸いです。

1 暗黒のリーダーシップ

もともと私自身は「極端なT属性」と「極端なL属性」を併せ持つ生まれつきです。その偏りはC属性の極端な欠如と背中合わせで、社交性においてさまざまな弱点を孕んで生きてきました。ハッキリ言うと、私は昔から（実は今でも）人付き合いがとても苦手です。人の輪の中で温和にさりげなく馴染める人が羨ましくて仕方ありません。ただし、人間関係は狭いですが、その代わりに長く続くタイプではあります。大学のみならず、小学校・中学校・高校からもずっと続く友人もいます。しかし、新たに人脈を拡げて人間関係を深めるために、飲みに行ったり、SNSで人と繋がったりを、積極的にしないのも私の基本スタイルです。人並みの社交性を発揮するには、私の場合は人一倍の神経を使う必要があり、それは非常に疲れることだからです。

そんな私は、物心ついた頃から人見知りが激しく、一人で頭の中で色々考えることが好きな内向きの性格でした。一人遊びが大好きな、自分が興味を持ったことだけを徹底的にいつまでもやる〝過集中〟な子供でした。それだけならほぼ無害なのですが、気性が激しく、自分の知的好奇心を優先して迷いなく実行するので、周囲への配慮や協調性が極端に欠如していました。「知りたい／やりたいスイッチ」が入ると、もうそれを試さないと夜も眠れないくらいの強い衝動で、身震いするくらい高揚していたのを覚えています。

小学生の時に起こした茹でガエル事件はその象徴的な出来事です。「熱湯に入れられたカエルは飛び出して助かるが、ゆっくりと茹でられたカエルは気がつかずに死んでしまう。ゆっくりとした環境の変化には気をつけないと危ない」との担任の言葉を胡散《うさん》臭く感じた私は、夏休みの自由研究で何十匹ものカエルを実際に煮て実験したのです。結果わかったのは、熱湯に入れられたカエルは100％一撃で死ぬということ。ゆっくり茹でられる方も死にますが、まだ少しだけ長く生きられるので「茹でガエルの方がマシ」という結論にしました。しかも熱湯に入れた方は、アマガエルも、トノサマガエルも、ヒキガエルも、すべてのカエルが全く同じ〝万歳ポーズ〟で死ぬのです。カエルの大きさは違えども、筋肉の構造が全く同じなので熱変性した極致のカタチも全く同じになる法則を理解して妙に嬉しかったことを覚えています。

しかし、担任からは「どうしてこんな残酷なことができるの!!」と散々に非難され、こっぴどく怒られましたね。命の大切さの観点から彼女は私を全否定して徹底的に責めました。しかし、その少年はカエルを殺したかったわけではありません。大人が押し付けてきた〝定説〟に素朴な疑問を持ち、世界の真実のほんの少しでも自分で突き止めてみたくなっただけです。そういう知的好奇心の発露までも全否定された子供は、嘘をついた大人に逆に自分が全否定されて叱られる理不尽に納得できるわけがありません。

他にも、小学校の運動会の綱引きでは、練習で連戦連敗だった自軍を本番で勝たせるために、あれこれ考えて奇策を立てたこともありました。笛を吹いて旗を振る役に志願し、本番では旗を地面にいきなり置いて、相手陣地にまるで向こうの笛吹きのように走りこんだのです。そこで「うわー！　あかんわ、負ける!!　ああ、もう負ける！　負けるわ!!」と、大声で「負ける！」を連呼しました。「人間は負けると思ったら力が入らなくなる」特徴を衝いたのです。策は成って自軍は勝ち、味方は喜んでくれましたが、またそれで教師にひどく怒られたわけです。ルール違反だと、卑怯だと。その奇策を禁じるルールを聞いたことはなかったのですが…。

その子供は、何らかの勝負が懸かった時や、何らかの利害が絡んだ時に、社会通念や一般道徳に照らして大人たちが〝非常識〟と眉をひそめるような異常行動を数え切れないくらい連発しました。その子供はジャンケンで負けただけで悔しくて夜も眠れないような性格で、とにかく勝ちたかったんです。そして勝ち筋を考えることが大好きでした。だから大人の言葉で表現すると「他人への配慮や常識を無視して、手段を選ばない、ギョッとするようなことをやらかす」わけです。当然、学校でも近所でも家庭でも〝大問題児〟として扱われるようになります。本人は、やりたいことや知りたいことに素直に行動すると、なぜか**世界が自分に必ず罰を与えてくる**苦しさに大きなストレスを抱えていました。私は、そうやって身近な大人たちに「欠陥人間」だと、散々に凹まされて育ったのです。子供の頃からこの世界をとてつもなく窮屈に感じていました。

「三つ子の魂、百まで」とは言いますが、大人になってもその本質は変わりませんでした。自分が何か思いついたら「それをやったらどうなるだろう!?」とゾクゾクしてしまい、それを試さないともう眠れないし、そのまま死ねないような気持ちになってしまうのです。社会的に非常識と言われる行動でも「知的好奇心」を優先して実行できる気質こそが、私の極端なL属性としての特徴です。また、尋常でないほど目的思考が強く、やりたいことがあれば人目をそれほど気にせず行動できるし、一歩前に出てリスクを取ることも厭《いと》わない性格でもあります。他にも、リーダーシップ経験を多く積んでいく確率が上がるさまざまな特徴を持っています。

しかしすべての人が、何らかの生まれつきの特徴が限界となって苦しむように、私にとっても自身の性格的な極端さや能力的な激しい凸凹が、人生を走り続けるエンジンでもあり、同時にやりたいことを成し遂げるための障壁にもなってきたのです。そして今でもその自分の激しい性格的な特徴を、どう目的のために活かして、害にならないように制御するのか？という戦いは続いています。

社会人デビュー期

そんな私のキャリア前半における「人を動かす力」の力量はどうだったかというと、端的に表現すると「歪《いびつ》」で「脆弱」だったとしか言いようがありません。ある種の〝キワモノ〟ではあったと思いますが、そのリーダーシップ能力では打開できる局面や動かせる相手が極めて限定されるものでした。しかも多くの場合において、そのキワモノぶりは組織にとって「有害」ですらあったのです。そんな状態から、壁にぶち当たりながらもへこたれずに自分の目的と特徴に最も合致したスタイルの習得を模索してきました。私は、**もともとの強みの軸だけは変えずに、スタイルを意図的に大きく拡張させてきた経験**を持ちます。今の私のリーダーシップ・スキルは、本能の奥底から絞り出すような意志の力によって、意図的に経験を積み上げることで何とか後天的に獲得したものだと思っています。

今考えるとかなり恥ずかしいのですが、社会人デビューした頃の私は、「リーダーシップとは、誰であっても自分の前を走らせないことだ！」と強く信じていました。よくイメージしていたのは、中隊程度の自軍が白兵戦で敵陣地に突撃する戦闘シーンです。そんな時に、号令とともに迷いなく誰よりも迅速に走り出し、誰よりも勇猛に先頭に立って自軍を牽引し、誰よりも先に敵兵を討ち倒す覚悟で果敢に突っ込む！　もちろん、弾に当たって斃《たお》れることも辞さず！　献身と自己犠牲で先駆ける率先垂範と陣頭指揮！　最初に弾に当たって、最後に飯を食べる、それこそがリーダー!!　それが20代の半ばまで揺るがず明確だった「理想のリーダー像」でした。今考えると、ずいぶんと戦争映画の影響を受けて育っていたのだと思います。

したがって、好きな戦国大名でも、今では最もあやかりたいのは戦略思考がズバ抜けていた武田信玄ですが、子供の頃にずっと憧れていたのは「毘」の旗を掲げて陣頭指揮で戦場を疾駆する軍神・上杉謙信。私はＫＯＥＩ[*6]さんの戦略シミュレーションゲームをプレイした延べ時間なら世界選手権レベルかもしれません。中でも「信長の野望」には大昔からずいぶんとお世話になりました。そこでもプレイしていたのはいつも上杉謙信で、優秀な家臣団で信濃に立ちはだかる武田信玄は常に仇敵でした（今では真逆で武田大好きで強敵に囲まれて苦しむのを楽しんでいます）。強いリーダーは誰よりも戦場で強い！　伝承される上杉謙信の神懸かった武勇が、男の子心を惹きつけていたのでしょう。

その〝戦争イメージ〟の陣頭突撃型リーダーを、やや現実的な社会に置き換えて翻訳するとこういうことになります。いざという時、自分の部下や組織が困っている時、自らが進んでドシドシと現場に出て率先垂範、強力な判断力と決断力で明確な指示を飛ばして問題解決！

鬼のようなリーダーシップを発揮するには、〝覚悟〟と〝能力〟の両面において、周囲よりも突出した強さを持つことが前提になります。

私の場合は自分がリスクを取る〝覚悟〟について悩んだことはないです。それだけは昔から自然に持っていたように思います。もちろん「己の力不足のせいで仲間を勝たせられなかったらどうしよう!?」という、暗く深い海の底を覗くようなゾーっとする恐怖感は今でも常にありますが、だからといって「自分が全責任を負うこと」を避けたいという発想は記憶にないですね。生まれつきなのか、育ち方なのか、明瞭にはわかりませんが、子供の頃から「きっと何とかなる」と思って生きてきたように思います。大失敗して行き詰まって、全部失ってどん底に落ちたとしても、自分一人で立ち上がるだけならどうにかできると、なぜかはわかりませんがそう自然に思えています。ここまで救急車に8回も乗ったようなイベントだらけの人生なので、人間はよほどのことがないと死ねない、たいていは生き延びるという実体験も影響しているかもしれません。

あとは、どっちがマシかという選択で迷える気がしないのも大きな理由かもしれません。取るべきリスクや責任から逃げることの方が、自分の価値観に照らして気持ち悪いからだと思います。ありたい自分からかけ離れていく、潔くなくて、汚れてしまう感じ、というか、そこから逃げる自分だけは許せないというか…。先祖から脈々と私に受け継がれてきた武士のDNAが自然にそう思わせるのかもしれません。サムライじゃない日本人にはなりたくないのです。そういう生き方の芯棒を変えてしまう方が、目先の大失敗で行き詰まるよりも、生きていく自信を支える一番大切な柱が折れてしまってもはや二度と立ち上がれない気がするのです。だからそこでは迷えない。

したがって、私自身のキャリアを最初から振り返ると、目的のためにはずいぶんと常識に囚われない攻め口を考えついたり、厳しい決断をしたり、実行してやり抜く性格ではありましたが、〝全く手段を選ばない〟わけではなかったのです。逃げたり、人を裏切ったり、そういう**不誠実なことだけはしないでずっと一貫してきた**ので、人間関係における私がどんなに強烈でも、時々熱風を〝噴火〟することがあっても、長く付き合ってくれる人々が周囲に必ずいてくれたのかも、と思っています。

そんな私が社会人になりたての頃は、もちろん大きな責任は背負わせてもらえませんでした。しかし、新人の実力に比べて素晴らしいチャレンジをいただけていたと感謝しています。あるビジネス課題について解決策を出す分析の仕事であるとか、パッケージのリニューアルのプロジェクトであるとか、消費者理解を深めて新しいプロモーションの切り口を考える仕事などです。当時のP&Gマーケティングでは、新人でも何らかのプロジェクトを幾つか担当するリーダーとして任命され、他部署のカウンターパートたち5~8人程度から成るチームを率いる立場にすぐになります。もちろん私は、もしもそのプロジェクトが上手くいかなかった時、矢面に立って責任を負うのは自分だと信じて仕事をしていました。本当は私が大問題を起こしたらブランドマネージャーである上司が最終責任を負っていたはずですが、自分が責任を負う覚悟があるから真剣に仕事に向き合えるという効用もありました。

しかし、能力において周囲を圧倒するほど突出するなんて、新人段階では無理でしたね。当初は知らないことばかり、周囲の方がずっと経験も知識も人脈もあって圧倒的に優秀ですし、むしろこちらは常に教えてもらう立場です。しばらく四苦八苦して努力することで得意領域が多少できたとしても、僅かな得意分野で秀でるのが関の山で「周囲を圧倒する」には程遠い。発生してくるあらゆる問題に対して「誰であっても自分の前を走らせない」陣頭指揮を執るなんて、まるでスッポンが月を見上げるみたいに凄まじく遠かったです。

よほどレベルの低い集団を率いているなら別ですが、そんな理想はもともとフィクションに近いです。それはほとんど、あらゆる分野で専門的に精通した〝万能の超人〟を目指すことですから、もともと誰であっても無理です。しかし、リーダーとはそういうものだと信じていた当時の私は、自ら創り出した〝存在し得ないリーダー像〟と〝現実〟との厳しいギャップに苦しむ運命を20代に設定していました。今考えると不必要で不幸な期待の設定だったと思います。もちろん、それも経験としては決して無駄ではなかったと思えるのですが、当時は自分で創り出した「見えない敵」といつもピリピリ戦っていましたね。

私にとって非常にマズかったのは、得意なことと苦手なことの凸凹がかなり激しかったこと、そして異常に負けず嫌いな性格であったことです。社会人デビューしたての頃から、理想に程遠い自分が許せない〝自家中毒ストレス〟で、精神的にも肉体的にも追い込まれていきました。自分の苦手領域が足を引っ張って、どうしても思い通りの成果が出せなかったのです。上司や周囲の期待に応えられない！　思い通りに勝てない！　幼少期にはジャンケンで負けても悔しくて眠れなかった私ですから、〝できない自分〟が許せない葛藤によるストレスが日々積み重なって、確実に自己肯定感を鋭くすり潰してきます。そんな状況が長く続くと、人は自分をだんだん信じられなくなって、自分の存在価値を自分で否定し始めるのです。

私はこの社会人デビュー期に〝できない自分〟のストレスに追い込まれ続けた結果、「電話が物理的に取れなくなる」という驚くべき症状に苦しむようになります。鳴った電話を取ろうとする右手がそれ以上は動かなくなり、無理に動かそうとすると左手が右手を止めようとするのです。この時期の危険な精神状態と、その危険な状態からどうやって脱したのかの詳細は拙著『苦しかったときの話をしようか』（ダイヤモンド社）に書きましたのでここでは詳細は割愛します。あれこれ苦労して何とか己の強みを活かすことで苦境を乗り越えて、その社会人デビュー時期の危うい状態は、紙一重でかろうじて乗り越えることができました。

猪突猛進時代

そうして、何とか幾つかの強みに自信を持てるようになった私は、もともとの理想だった「誰も自分の前を走らせない」理想に向かってぐいぐい邁進《まいしん》していきました。森岡の「猪突猛進時代」が始まります。20代半ばから後半にかけての話です。勝負事となると、もともと異常に闘争本能が強過ぎる私です。そんな狂犬のような人物が外資系の競争社会に放り込まれたわけですから、自分よりも前を走る者を常に排除しようとして〝ATフィールド[*7]全開!!〟です。とにかく人に負けるのがイヤ！　もう何でも自分が先頭を走れないとイヤ！　チームメンバーが自分よりも良い意見を出したり、有能に物事を解決したりしても、表では喜びつつも心の奥底では〝自分〟に対して強烈なダメ出しをしてしまいます。内なる声が叫ぶのです。「おい！　それはリーダーであるオマエの役割だろう！　先を越されてどうすんねん！　何人たりとも、オマエの前を走らせるな！」と…。

昔から私は、やりたいことがあると、自分で抑えられないくらいの〝常軌を逸した熱量〟が、もはや殺気にも近い〝決意のパルス〟が、マグマのように湧き上がって体中に満ち溢《あふ》れてくるのです…。あまりそのような人は見かけたことがないので、これは私の特異な性質だと思います。この点で自分がやはり普通じゃないことを最近でも再確認したのは、山での猟（私は銃で獣を追うハンターの端くれです）で前を歩いている師匠が何度もこちらを振り向いて言うのです。「殺気が強すぎる！　俺でも怖いわ！　もっと気配を消せ！　山中の獣を追い払うつもりか!?」と。私は獲物を探して追跡するために普通に歩いているだけなのですが…。（今書いていて思い当たりましたが、そういえば子供の頃から魚釣りで、私だけが竿を手に持つとなぜかアタリが来ず、竿を置いたらすぐにアタリが来るという経験を重ねてきました。あれも釣り糸を通じて〝危険な信号〟が水中に伝わっていたのかもしれません）。したがって、最近の狩猟での山歩きは、〝殺気!?〟や〝熱量!?〟を意識的にコントロールする修行にもなっています。

目的に対して爆発的な気力のエネルギーが溢れてくること、それ自体はL属性として極めて有利な特徴だと思いますが、猪突猛進の時代はその目的が「自分が先頭を走ること」になっていたのが非常にマズかったと思います。常に不必要な力を全身に漲《みなぎ》らせて、物凄く燃費の悪い毎日を過ごしていたと思います。人から見ると、一生懸命だけど、暑苦しくて、異様にギラギラしていて、それこそ〝殺気!?〟じゃないですけど少なくとも勝ち気で嫌な奴、だっただろうと思います。今なら「競争する相手が違う、肩の力を抜きなさい！」と、当時の自分に頭からバケツで氷水をぶっかけてやりたいです。

私は本当に誰にも負けたくなかったので、チームの中においても自分がMVPでないと気が済まなかったのだと思います。そのために人一倍にめちゃくちゃ努力するので、たいていの課題で顕著な貢献はできました。そしてチームで共有する目的もそれなりに正しく設定できていたので、さほど間違った結果が出ることもなく、私が担当すると尋常ならざる強烈さでドライブをかけるため、チーム成績は一貫して高いものが出ていました。しかし、そうやって何かを成し遂げても、毎度のことなのですが、なぜか後味があまり良くなかったことを覚えています。

負けず嫌いの私は、個人としては無論のこと、チームとしても絶対に負けたくなかったのです。しかし、その当時の私がチームで勝ちたかった本当の理由は、現在の私のチームで勝ちたい信念とは動機が全く異なることが、今の私にはよくわかるのです。あの頃の私は、チームとして負けることとは、プロジェクトリーダーである自分が個人として負けることに等しかった。つまり、当時の私は、**チーム戦ですら完全に個人戦を戦っていた**のです。チーム戦（本当は個人戦）においての私は、チームに結果を出させるために、責任感がユルい人間や、能力が芳しくない人間をどうしても許せませんでした。抑えられない怒りが湧いてきて、自分と同じように必死に戦おうとしない人を許せない。もちろんチームには私が信頼してリスペクトできる人もいますが、中にはどうしても私の期待に合致しない人がいます。したがって、そこに檄を飛ばし、喝を入れることに全く容赦がありませんでした。

押して、詰めて、追いかけて、何としても相手にしっかりとした仕事をさせる！　その覚悟で周囲と接していたので、当時のスタイルはまさに泣く子も黙る〝鬼軍曹〟です。そして、同僚の仕事ぶりに不安を感じたら、ズケズケと相手の領域に踏み込み、自分で考えて指示を出し、何とか期待値の帳尻を合わせることに何の遠慮もありませんでした。その人ができない領域を予測しておいて、先回りして介入することもよくやっていました。相手を信頼していないことが残酷に伝わるのにそれをしてしまうのは、絶対に結果を出さないといけないと本気で思っていたからです。むしろ、そこまで妥協なくできることが偉いことだと思っていました。それでこそリーダーだと揺るぎなく信じていたのです。

この頃の私しか知らない人は「森岡さんってとんでもなく怖い人」という印象だけが強く残っていると思います。明確な目的のために、周囲がどう思おうがほとんど気にもせずに、あの手この手を考えて、何が何でも使命を完遂させる。それは、まさに〝**暗黒のリーダーシップ!!**〟思い起こすと子供の頃は「ブラック・ジャイアン」と呼ばれていました…。少し長じて中学時代は「日向小次郎」。社会人になってからは「Mr.エクストリーム」「剛腕」「猪突猛進」「鬼軍曹」、そしてだいぶスタイルを変えてもせいぜい「野武士」。さらにUSJ時代でさ

え も「ベーダー卿」。こうやって並べると、どこか共通している闇っぽくて黒い何かを感じますね。私自身は興味を持ったことに熱狂的に取り組んでいたつもりだったのですが、周囲からは強引で傲慢な人間だと見えていたのでしょう。

当時の私はどうしてそこまでハイカロリーなやり方を正しいと信じていたのか？　それは、〝結果を出す〟という意味ではそのスタイルだからこそ突破できたと思えた事象が多かったからです。ギリギリの局面で状況を打開するためには剛腕を発揮して問答無用に周囲に〝Get Things Done〟させる力は確かに強烈でした。しかしながら、短期的には確かに成果は出せましたが、毎回毎回、そのスタイルだけだと実に殺伐としてきて後味が悪いのです。もちろんウマが合ってヤル気を出してくれる人も少なからずいました。しかし追い回された人は怖がって私を避けるようになるのが自然の摂理です。

今ならわかるのです。そのやり方で満たせるのは短期の目的だけです。中長期の組織はそれでは育ちません。人間関係を深く開拓していくどころか、まるで〝焼き畑農業〟のように次々と「消費」してしまうやり方だからです。誰よりも目的に執着してコミットすることはリーダーとして非常に正しいですが、そこから先のやり方がマズ過ぎます。「信頼することによって相手の力を引き出す」リーダーとしての重要資質が欠けていたのです。その資質がなければ自分が制圧できる程度の人々は周囲に集められても、今の自分や組織の可能性を拡げてくれるような本当に優秀な人材は決して惹きつけることはできません。

その当時は、自分なりに結果を出すために必死だったのですが、根本のところで鼻持ちならないとんでもない勘違いをしていたと…。振り返ると冷や汗が止まらない私の黒歴史です。

2 人を活かす存在になれ！

このままではヤバい!!

そんな殺伐としたやり方でも必死に戦って、尋常でない量と質の経験をさせてもらえたから自分で気づけたのでしょう。私は、さすがにそのやり方だとマズいことを次第に悟りながら追い詰められていきました。このやり方ではどうしても2つのことが足りなくなるのです。1つはチームメンバーの主体性やヤル気が弱くなっていくこと。もう1つは、私自身では補えない私の苦手領域がそのままチームのボトルネック（成果の限定要因）になってしまうこと。そのやり方だとチームは構造的に、私自身の能力程度にしかアウトプットが出せないのです。

1つ思い出すのは、当時の私がリードしていたプロジェクトで、R&D（研究開発）の担当者をどうしても動かせない局面に陥った時です。何でも自前主義だったP&Gにとって画期的だった、ヘアケアのスタイリング剤の開発と生産をアウトソーシングに大転換して、早いトレンドに対応する能力を獲得しようとしていました。その製品ラインアップの中に、使用感として〝熱さ〟を感じさせて他製品との違いと効能を実感させるアイデアがありました。「ジワっと熱さを感じるプロダクトを開発してくれ！」と、その外国人のR&D担当者をプッシュし続けた私でしたが、彼女にとって複数のプロジェクトの1つにすぎなかったその案件で、あの手この手を回しても、最後まで彼女はヤル気を見せてはくれませんでした。実はその担当者とは、それ以前のプロジェクトで一度だけでしたが、私が地の底まで追い込んで強引に仕事をさせたことがあったのです。

焦った私は、神戸の某薬局でトウガラシチンキの原液を手に入れて、あるヘアケア剤と調合して自分の頭で実験し、心と頭皮をめっちゃヒリヒリさせて頑張りましたが、所詮は処方の素人である私です（あの時は真面目にハゲるかと思いました！）。結局は、ソーシング戦略を転換させるプロジェクト全体としては大成功しましたが、製品ラインアップに彼女にやってもらいたかったその〝熱い使用感〟の新製品が間に合うことはついにありませんでした。それはほんの一例ですが、他にも人間関係を消費する当時の私のやり方の〝副作用〟を実感した出来事が次々に起こりました。この類の〝摩擦を辞さずに強引に相手をプッシュすることで嫌われてしまうコスト〟は、次第に、年数を重ねるほどに、鬼軍曹の悪評が拡がるほどに、目的達成のために欠かせない私の人的資源を枯渇させていく、明らかにサステナブル（持続可能）ではない大問題だと実感したのです。

さらに、関わる組織や責任範囲がどんどん大きくなるにつれて、プレイヤーとしての自分の24時間に過剰に依存したやり方も、どんどん機能しなくなっていきました。小隊ならできることでも、中隊や大隊を率いると無理になっていきます。なぜなら自分がいつまでも小隊長で陣頭指揮をする時間が物理的に取れなくなるからです。本当はトウガラシチンキなんて自分で混ぜていてはいけないのです。より多くのプロジェクトを抱えて、責任がより大きくなって私自身のキャパが厳しくなると、マイクロマネジメントをしようにも物理的に難しくなります。

私はどんな状況でも目的達成に並々ならぬ執念を持っていましたので、自分の時間をどう使うと目的達成の確率を最大化させられるのか？ということを否が応にも考え始めるようになりました。私が指示するのを待つのではなく、チームの穴や弱点を埋めるべく個々のメンバーに、もっと自律的に考えて先回りして動いてもらいたい、そう思うようにもなっていきました。それを最も信頼していたあるチームメンバーに正直に言った時、彼から「でも意図と違うことをしたら、めっちゃ怒られそうだからみんな勝手に動けないと感じていると思いますよ」と真顔でフィードバックされました。それまでの自分の行動はその通りだったので凹みました。

もっと人を活かせるようにならなければ、自身の能力や24時間や精神力に限定されて、それ以上は大きな仕事を成し遂げられない。私が自身のリーダーシップ・スタイルの大拡張に挑戦し始めたのは、たしか20代後半だったと思います。ちょうどそのような問題意識が募っていた頃、子供の頃から好きだった司馬遷の『史記』を何気なく手に取って読んだのです。孟嘗君や信陵君のリーダーとしての在り方が妙に心に響いて、私は深く感じ入りました。彼らの偉大さも偉業のすべても「どれだけ人を活かせたのか?」という1点に集約されていたのです。自分とは大違いだと感じました。昔から国語は苦手だった私ですが、歴史や古典の戦略モノは大好きで、子供の頃から伝記や古戦記を中心に膨大な書籍を読みふけってきました。子供の頃に読んだ時には史記にそこまで電流が走る気づきはなかったですが、経験を積むと学びとして抽出できるものは変わるものです。何度読んでも名著は時空を超えて伝承される知恵そのものだと改めて思います。苦難の末に史記を書き遺してくれた司馬遷に深く感謝します。

どうやって仲間を増やしていくのか!?

私は自分自身に欠けている大切なものを習得する決意をし、自分自身を「**人を活かせる存在になろう!**」と強くコミットさせました。私が最初にトライしたのは、チームのボトルネックになっている能力が何かを戦略的に見極めることでした。冷静にそれをすると、チームのボトルネックのほとんどが私自身の弱点と符合していましたね。今ならわかりますが、エゴの強い独裁者の組織はどうしてもそうなってしまいます。そう意識していなくても、独裁者は自分程度の能力のチームしか持つことができないのです。私は、自分のチームに足りない能力が私自身に起因していることがわかったので、それを補える優秀な他者をどう巻き込むかを考えました。彼ら／彼女らに良い仕事をしてもらうにはどうしたらよいか？　例えば、他にもたくさんやるべき仕事を持っている人に、自分のプロジェクトのために特別にヤル気になってもらうにはどうするのか？

しかし、それまで幼少期の社交性のなさから、気がついたら一匹オオカミが基本スタイルになっており、仲間を増やすためにどうすればよいかなんて真剣に考えたことはありませんでした。人との距離感がぎこちなく、人の心の機微にも鈍感な私が、必死の試行錯誤を始めてもなかなか上手くいきません。慣れない過程では失敗もずいぶん積み重ねましたし、惨めで悲しい想い出もたくさんあります。もともと社交性に乏しい私が、本気でC属性の人の強みを真似ようと必死になったことも。しかし、それまで積み上げた暗黒キャラがあるのに、突然私が愛想よく明るく振る舞ってもかえって不気味です。周囲には「何か企んでいるのではないか?」とむしろ怖がられて終わりました。私の場合はチャームを武器にすることは難しかったのです。

それに加えて、それまでは〝相手を信用すること〟の大切さに気づいていなかったのだと思います。自分がやった方があれもこれも上手くできると思い込むことで、自分を孤独に追いやる世間に対して突っ張ってプライドを保って生きてきた子供時代からの重い残滓《ざんし》が、他者を容易に懐に入れないバリアを常に張っていたように思うのです。だから他者を本気で信頼して頼るということが、どういうことか感覚的にわかっていなかったのです。しかし、悪戦苦闘の果てに、ここが最大の気づきになるのですが、人は自分を本気で信頼してくれる人のために本気になるのです。**自分を信頼してほしいのであれば、まずは自分から相手を信頼しなくてはならない**。人同士の信頼関係の基本中の基本ですが、ここが成立するか否かが、やはりシンプルな核心だと思います。さまざまなやり方はあると思いますが、最終的に「深い信頼関係をお互いにどう築けるか?」ということです。

この試行錯誤のトンネルを脱出するためにありがたかったのは、やはり私自身の特徴を活かすことに着眼できたことです。ナスビはナスビらしく生きるしかありません。相手にとって、あるいは共同体にとって、自分が発揮できる価値（≒強み）で相手に信頼してもらおうと思ったのです。それは、「どこで戦えばチームが勝てるのか?」「それはなぜなのか?」そして「なぜあなたの力が必要なのか?」。そのシンプルな3つについて、私は私らしく、小手先のことは一切せずに、**腹の底で信じていることを、もはや相手を火傷させるほどの熱量でひたすら伝える！**　そこに集中することを始めたのです。

結果的に辿り着いたのは、自分の特徴である〝戦略思考〟と〝プッシュスタイル〟を最大限に活かすことでした。〝勝てる戦いを探し出す力〟と〝押しの強さ〟を、**自分が先頭を走るためにではなく、もっと多くの仲間に主体的に先頭を走ってもらうために使う。つまり、自分の深いところにある〝エゴ〟を潔く捨てる**ことでした。それは、自分の特徴である激しい熱量を抑え込むのではなく、むしろ熱量を最大限放出する目的の焦点だけを、それまでの「個」から「公」へと明確に移し替える試みでした。そうやってたくさん頭をぶつけながら、何度も悲しく転びながら、その痛みから学んだ私なりの法則性がより明瞭になっていきました。それが、先述した人の心を掴むための必要条件である「3WANTSモデル」であり、相手の「仏の部分」を認めることであり、対等な関係性の大切さであり、人を本気にする力の本質についての理解です。

そして経験を積めば積むほど、「人を動かす」ための労力が、めちゃくちゃ大変なことをどんどん実感していきました。何より、労力に見合うやりがいがあることを体験できたことが最大の収穫だったように思います。自分でボールを抱えて先頭を走っていたあらゆる時間と精神力を、もっと俯瞰した視点で自分の強みを発揮させることに集中して使えるようになっていきました。人を動かすことに集中すると、幾らでも際限のない情熱と時間が注ぎ込めるうえに、上手くやることで組織力のキャパを天井知らずで上げていけるのです。「人を動かすこと」は、誰かが本気でやらないと難しいが、組織の成果にとって最重要な〝役割〟なのだと深いところで理解できたのです。

そもそも**リーダーの役割は、「自分が動くこと」ではなく、「人を動かすこと」**です。率先垂範なども人を動かすための一手法にすぎません。しかし20代の頃の私のように、自分が動くことに一生懸命なままで、本来の目的を見失っている人はとても多いように思います。現場で陣頭に立つ目的は、あくまでノウハウを周囲に学ばせるため、あるいは人々の士気を高めるためであって、自らの手で物事を解決するためであってはならないのです。もちろん、組織のための結果を担保するために、自ら槍を奮ってでも成果を確定させなければならない時もあるでしょう。しかし自らが槍を奮うのはあくまで例外と心得るべきです。なぜならその槍は、部下の〝やりがい〟や〝経験を積むチャンス〟を同時に奪っているからです。やるとしても、その〝コスト〟を払っている自覚が常に必要で、自らの槍で解決することが習慣化すると、自分がいないと戦局をまるで打開できない組織が完成します。本質である「人を動かすこと」とは真逆の結果になります。

3 「一緒にやる」ということ

実は厄介なことに、陣頭で槍を奮うのは楽しいのですよ。自分が得意な領域で気持ち良く問題解決できるのですから、実に楽しい。ピーター・ドラッカーも言っているように、昇進したホワイトカラー管理職の大半は、昇進前に自分が評価されていた役割に最も多くの時間を使い、昇進後に期待される新たな役割をなかなか果たそうとしないのです。新しい役割に応じて果たすべき機能は変わっているはずなのに、好きなことをしたいのが人間の性《さが》であり、好きな仕事をキッパリと権限委譲するのは情緒的に難しいということ。だから興味ある領域だけに過剰に関与して、それ以外は理解しようとすらしない上司でこの日本社会は溢れかえっているのです。それは本来の仕事をせずに、部下の仕事を奪って気持ち良くなっているダメ上司です。

部下に任せると今までの自分が出していた成果が出ない不安に囚われるのはわかります。そしてその不安はきっと正しくて、部下が仕事を覚えるまでは今まで通りの成果にはならないでしょう。今まで自分が得意でやってきたことを、まだ経験の足りない部下が自分よりもできないことは当然だからです。しかし、組織においては、立場が変われば、役割は必ず変わっているはずです。昇進後の本来の役割は、新たに担当する1段階高いレイヤーの役割に集中することです。それこそが部下たちにはできない自らの仕事であり、その仕事をするために自分は昇進したはず。そして、かつてのポジションでやっていた仕事は、自分の後進となる人間を中心に役割がしっかりこなされるように支援すべきです。それぞれが1段階ずつ役割の階段を上がらないと、自分にも部下にも個人としての成長はなく、組織としての能力向上も成果も期待できません。

その本質を理解すると、何を成すべきかが明らかになるでしょう。私は昇進して部下に仕事を引き継ぐような時にはもちろん、部下が新たに経験の浅い領域に挑戦するような時には、丁寧に「一緒にやる」時期を意図的に組み込んでいくことにしました。日本人のミドル層に特に多いと実感している問題があります（本当は日本人に限らずですが）。それは「一緒にやる」ということを、心底できない人々が多いことです。すべてを部下に丸投げして完全に〝放牧〟するか、あるいはすべてを自分で抱え込んで部下の仕事を奪ってしまうか、その100と0の両極端を行ったり来たりする人です。私は、丸投げ完全放牧も、丸抱えで全部やることも、その両極端はどちらも間違っていると考えるに至りました。

では「一緒にやる」とはどういうことでしょうか？　例えば、相手の経験がまだ不足していると思っている時、いきなり全部任せて完全放牧すると、よほど能力が高い相手でない限りまず結果が出ませんし、下手をするとプレッシャーで相手を潰してしまいます。したがって、まずはお互いにその仕事の〝目的〟を明確にするための話し合いをします。次に、そこで合意した目的に辿り着くための〝戦略〟をまずは相手にしっかりと考えさせるのです。相手がその宿題を持ってきた時に、自分なりの知見をインプットして、対等な議論を経て、戦略をお互いに合意します。戦略が定まったら、相手の力量のちょっとだけ上の難易度を狙いながら、「あなたはここが得意だから、ぜひここをリードしてみてください。そっちは私がやっておくので、お互いに持ち寄って来週、一緒に議論しよう」と。1つの目的の下の戦略・戦術のプランの担当を相手の特性やトレーニングの意図に合わせて分業するのです。そして分業して考えたものを再び互いに持ち寄って、互いに知見を足し合ってより良いものに仕上げていきます。

課題に対して相手の経験が豊かで力量十分と見た時は、まず目的と戦略を相手に考えさせて、それを叩き台にして議論して合意し、その後のＨＯＷ（方法論）の部分の思考のリードはできるだけ相手に任せて、提案を持ってこさせて自分の合意を取らせるようにします。途中で考えが行き詰まったり、自分のインプットが欲しくなったりしたら、いつでも巻き込んでOKという前提で、できるだけ相手の自主性を養うべく本人に思考をリードさせます。

議論して方向を合意する際に、もしも相手と考え方があまりにも違った場合はどうするか？　自分の妥協できない最大成果が懸かっているならば、自分の「ガッツメーター」（経験に裏打ちされた自分特有の判断基準）に基づいて信じるものを選ぶべきです。しかし、そうでないならば、つまり取れるリスクの範囲内であれば、私の場合はできるだけ相手の考えを実行させることにしています。そのために、権限の領域を明確にして、私の決定権に属するものと、部下の決定権に属するものをできるだけ分けて設定しておきます。そしてよほどのことがない限り、部下の決定権に属するものを後からひっくり返したりしない。もちろん上司ですから、やろうと思えば部下の権限はすべて覆せます。でも仮に私が部下の立場だったとして、上からオーバーライド（上司による強権発動）を頻発されるならば、そんな会社は〝秒〟で辞めます。こっちは文字通り死ぬ気で考えて本気の勝負をしているのです。そんなことをされたら、能力が高くて真剣な人ほど、主体性を保てなくなって意欲が湧かないでしょう。しかも、成功するにしても失敗するにしても、自ら考えたプランが実際のビジネスで招く結果を実感する最高の経験機会を失わせてしまうからです。

もちろんやらせる方にも多少の葛藤はあります。私の考えた通りのプランを執行した方が点数は高く取れるだろうと、その時点での私は思っているからです。しかしながら、短期的に90点を取れなくても合格点を超えているのなら80点でもよいと考えるのです。その方が長期的な組織力はより高く100点に向けて近づいていくのですから。何もかも上司が決める組織では、人は育ちません。自分のプランと思えるものを発動しないと、その結果が自分の責任だとは思えないのです。失敗したら自分の責任と思えないのであれば、意志決定の訓練ができません。したがって、ギリギリの状況での判断力の土台になる胆力「ガッツメーター」が育たない。どんな立場であっても、その役割なりの意志決定の権限が何であるのかを明確にして、その範囲で意志決定のドキドキをできるだけ練習させるべきだと私は考えています。もちろん取れるリスクの範囲だけを割り当てていくことになりますが。

そして、上司がちゃんと目的と戦略さえしっかり見ていれば、部下が繰り出すたいていの戦術は的《まと》を大きくは外しません。それが「一緒にやること」の意味です。目的と戦略とは、その方向に飛んだら正解があるという揺るがない指針だからです。したがって、丸投げ完全放牧の上司は無能であり、しかも無責任です。存在する意味がありません。一方で、完全に部下の仕事を奪う上司も理不尽であり、存在する価値がありません。だから上司の立場にある人は、目的と戦略だけは一緒に知見を加えて、議論の末に決断して明確に縛る。その方向性に沿って、戦術段階では達成すべき期待値を明確に示したうえで、本人に必死で考えさせて飛距離を出させるのです。それが不合格の50点だと困りますが、70点でも、80点でも、90点でも、その時に取れるリスクに応じて本人のパッションを可能な範囲で買うことにしています。それからより良い結果を出すようにできる限りの支援をしてあげてください。

そして、もしも失敗したとしても、自分が挑戦させて失敗したのですから、少なくとも本人のキャリアが拓けていくように、自分の信用貯金で何とかするのが上司の器量だと私は思っています。もちろん、本人のパフォーマンスは評価で公平にカウントするのは前提ですが、そもそも取れる範囲のリスクしか部下に任せていないはず、しかも目的と戦略をしっかりと見ているのですから、上司は部下の出した結果に全責任が負えるはずです。その前向きな失敗は部下の貴重な財産になりますので、決して失敗ではなく組織の未来への投資なのです。つまり取れる範囲のリスクで部下に挑戦させて、成功だけでなく失敗も経験させることができる上司は、非常に有能なリーダーといえるでしょう。

そうやって部下の意見を容れるやり方を続けていくと、少なからず嬉しいことが起こります。上司は自分の方が正しいと思いがちなのですが、本当のところは何が正解かどうかはやってみないとわからないものです。部下の考えの方が自分の予想を裏切って高得点を取ることだってあるのです。私も次第にその頻度が高まってきましたが、それはリーダーシップ冥利に尽きる心の底から嬉しい瞬間です。自分一人で出せる限界を遥かに上回る成果を、自分が他者を活かせたことで実現できたのです。それこそがリーダーシップの本懐です。

何でも自分が正しいと思い込むことで相手をプッシュし続けて20年以上も生きてきた私が、人の力をもっと活せるようにスタイルを拡張する挑戦をその後の20年間も継続できているのは、たまに周囲からもらえるその〝甘美なご褒美〟のおかげだったように思います。個人で何かを達成するよりも、チームで何かを達成する方が遥かに嬉しいことを、これまで近くで一緒に働かせていただいた何百人にも及ぶ歴代の優秀なチームメンバーの皆さんから、私は教えていただいたと思っています。

そして自分の意見が成果を出すことも嬉しいことですが、自分が引き出した仲間の意見が成果を出すことの快感にはとても比肩できないことも、彼ら／彼女らとの数えきれない挑戦を経て知ってしまいました。それは自分の子供が激賞される時の感覚に近い、病みつきになる蜜の味です。自分が嬉しいのです。そんな〝ご褒美〟によるモティベーションのサイクルが回り始め、私はかつての「鬼軍曹」から、「人を活かすことに一生懸命な鬼軍曹」に変わっていきました。

本来の「率先垂範」の意味するところは、ここで申し上げた「一緒にやる」精神に近いのではないでしょうか？　それは、活躍や成長の場を部下から奪うことではなく、部下を支援し、自分の覚悟の所在を明示することで発揮される力ではないでしょうか？　現場状況の要点をしっかりと理解したうえで、上司もちゃんと〝同じ船に乗っている〟、つまりリスクや苦労を背負う覚悟を部下たちと共有することだと思うのです。部下が成功する確率が高まるように、ノウハウの伝授や、広い視座での業務への助言と支援を、相手の主役感を損ねずに、できれば強めるようにサポートすることだと思います。

「人を動かす」とは、20代の私が取り憑かれていたような、人が奮うべき槍を自分が振り回して気持ち良くなることでは決してありません。たとえ率先垂範というスタイルの目的にしても、本来は人を育てることであり、人を動かすことで成果を出させることだと私は考えます。かつて山本五十六元帥が遺した名言も、そのことを言い当てているように思います。

「やってみせ　言って聞かせて　させてみせ　ほめてやらねば　人は動かじ」

この句は、上下関係が厳しい軍隊での文脈と、相手の技量と経験が大きな落差がある状況を前提にしています。したがってずいぶん上から相手を見ている感が私は少なからず気になるのですが、それでもこの句で山本元帥は時代を超えて「一緒にやる」ことの大切さを伝えているように思えてならないのです。完全放牧するのではなく自身のノウハウを伝えて導き、部下の成長機会を奪うことなくしっかりと経験を積ませ、その結果に対して自信を持たせるように視界の中で見守り、そして自立させていく…。現代の我々のビジネス環境でも有効な示唆を多く含んでいると思います。

4 リーダーシップとは何か？

もしも自分の心の奥底をらっきょうの皮を剥《む》くようにどんどん剥いていったら、最後に何と書いてあるでしょうか？　もしもそこに「自分」と書いてあるのであれば、その人のリーダーとしての器はまだまだ小さいと思うのです。20代の私は、そこに角張った字で「自分」と大書してあったのだろうと、今ならわかります。自分が勝つために本気で働くのと、共同体を勝たせるために本気で働くのは決定的に違います。もしも多くの優秀な人々を惹きつけて統率し、大きな夢と困難に挑戦する大冒険に連れていきたいならば、共同体の目的を最優先して本気で戦えることが自身の喜びになる前提がないと厳しいのです。

リーダーとしてあるべきマインドセットは「共同体のためにリスクを取って粉骨砕身することが自身の喜びになる」ことです。しかし、かつての私はそれが逆転していたのです。「自分の目的（達成感）のために、手段として共同体を勝たせることに執着する」人間でした。それでも共同体を勝たせることを目指すので、それなりによく働きますし、結果も出します。

しかしギリギリのところで、自分の目的に執着してしまうので、共同体全体の利害や他人を顧みる余裕がありません。自分が先頭を走ることに異常にこだわるのもそれです。それではギリギリのところで仲間と深い信頼を築くことはできません。

それよりさらに悪いのは「自分のため〝だけ〟に働く」という人です。つまり共同体の概念がない人です。自分の中だけで興味と思考が閉じています。一番多いのは「自分が褒められるために働く」とか「自分が儲かるために働く」などでしょう。そういう人は、その共同体がどうなろうと、本当のところでは知ったことではありません。しかし、世の中の多くの社会人は、共同体の概念が実は不明瞭ではないでしょうか？　自分以外の何のために自分は頑張るのでしょうか？　そこが不明のままではリーダーシップ経験がほとんど貯まりません。だから日本はリーダーシップが弱い人で溢れるのです。

もちろん今も、私は自分のため〝にも〟働いています。でも自分のため〝だけ〟では、もはや働けなくなりました。自分のため〝だけ〟なんて、趣味なら構いませんが、仕事でそれだとやりがいがなくてヤル気が出ない。既に私が働く究極の目的が、「個」ではなく、「公」の方にズドン！と突き刺さっているからです。「公」とは本気で守りたい共同体のこと。今の私にとっては、仲間たちと一緒に創り上げた舟である「刀」であり、私の大切な人々を育んでくれる船である「日本」です。自分のため〝にも〟働いていると言えるのは、己の芯棒を「個」ではなく「公」に刺していることがプロとしての誇り（自己満足）であり、自分を確かにハッピーにしているからです。「公のために何らかの貢献ができる自分」だと自分自身で思えないならば、誰にどれだけ称賛されようと、どれだけお金があろうと、私は決してハッピーではいられないでしょう。満足の絶対的な基準は、もはや他者とは独立した私自身の尺度になっているのです。

かつて「誰も自分の前を走らせないこと」にあれだけ必死だった私は、何度も何度も頭を打って、ついに「人を活かすこと」に必死になれる〝習慣〟を手に入れました。そしてひたすらその技術を磨くために、より厳しい経験を求めていきました。そういうターニングポイントが訪れたのも、猛烈に貯めたリーダーシップ経験の質と量のおかげです。必死に経験して悩んできたからこそ脱皮できた。マインドセット（覚悟・意識）だけはすぐに変わりますが、行動が変わるまではそれまで脳や筋肉が覚えた習慣を上書きしていくためのタイムラグを要するので、行動変化はすぐには起こりません。気が緩むと感情に乗っ取られて元の自分が出てきたことが何度もありました。

それでも諦めずに、その都度に猛省し、少しずつ、ほんの少しずつ、望ましい行動を取れる確率を高めていったのです。リーダーシップ・スキルに限らず、人は意志と努力を継続することさえできれば、望む行動やスキルを自らの習慣として新たに獲得することができます。これは継続さえできれば必ずそうなります。そうやって磨き上げた力を、自分以外の誰かのために使うことが、結果的に自分を幸せにする。そんなモティベーション回路を、七転八起した経験から早めに作り上げたことが、私の場合はキャリアの背骨になりました。

私の経験が読者のお役に立つために、私の心の奥底にずっとあった〝闇〟についても、もう少し触れておきましょう。幼少期からずっと私は、〝満たされない孤独〟に苦しんできました。自分が心から熱中できることを世の中に投げ込んで、世界からポジティブな反応が返ってくることをずっと切望していたのです。自分が何かを願ったり、やってみたいと望んだり、面白いと思ったり、知りたいと思ったり、そんな自分の欲求の発露に従って素直に行動すると、なぜか世界は私に罰を与え続けました。自分がやってみたいことをすると、世間の〝常識〟では奇行ばかりなので、認められたい身近な人々にドン引きされ、怒られ、泣かれ、眉をひそめられるのです。何でそんなことをするの!!と言われても、やってみたかっただけなので、他に理由なんて聞かれても困ります。自分の周りの世界を私は我慢ならないくらい窮屈に感じていました。

この「自分のやりたいこと」と「世界のポジティブな反応」の不一致は、子供だった私の心に大きなストレスをかけました。興味のあることを躊躇《ちゅうちょ》なくやってしまう割には、周囲から拒絶されてひどく傷つく子供は、何年もの長きにわたってそれなりに強いストレス下にあったということでしょう。いっそのこと、私が感情に左右されない完全なサイコパスであったのなら、そこまで苦しくはなかったでしょう。人生でずっと付き合うことになるひどい吃音《きつおん》症も、その頃に心の闇から発症しました。今でも私は油断して意識の集中が切れると、突然ひどく言葉が〝どもる〟症状が出て、頭の中に明確に意識できている音が全く発声できなくなります。講演会などでマシンガントークをご覧になった方は、私が重度の吃音症だとはおそらく信じられないかもしれません。しかし、この吃音症を乗り越えていく過程にも、人にはなかなか言えない深い闇がありました。読者の皆さんにもさまざまな問題を抱えた過去があったと思いますが、私にも色々あったということです。

さて、大人になっても、他の人から「なんでそんなしんどい人生やの？」と言われてきましたが、私はずっと〝目に見えない敵〟と戦ってきた気がするのです。それは何か？　幼少期に刻まれた〝「自分」と「世界」の不一致のトラウマに対する恐怖〟と戦っていたのだと、新しいスタイルが板についてずいぶん経ってからようやくわかりました。子供心に深く刻まれた、〝「自分」と「世界」が一致しないことへの恐怖〟、裏返すと〝一致することへの強い憧れと渇望〟は、良い意味でも悪い意味でも、その後の私の人生に強烈なドライブをかけてきました。振り返るとすべてがその幼少期の私を覆っていた〝満たされない孤独感〟という原体験に繋がっているように思うのです。

キャリアの前半に私が異常者のごとく、暗黒の剛腕を発揮してチームに目的を必ず達成させようとしたのも、その「自分」と「世界」を無理矢理にでも一致させないと巨大な闇に呑まれそうな恐怖と常に戦っていたからです。そして逆に、新たなリーダーシップを増強するにあたって、人を活かすことに腐心していく中で、「自分」と「世界」の遥かに具合の良い一致を何度か経験し、痺《しび》れるような喜びを感じることもできました。幼少期のトラウマがあるだけ、私にとってはその快感は格別で、その道筋でのさらなる挑戦に邁進《まいしん》する意欲が続いたのだと思います。トラウマの恐怖に追い詰められ、トラウマを克服できる喜びで道が新たに拓かれた…。不思議なものです。色々ありましたが、無駄なことなど何一つなかった。今までの半生で起こったすべてのことが、積み上げてきたリーダーシップのスキルに凝縮され、今の私があるのだと思います。

そうやって積み上げてきた私にとっての、リーダーシップの本質は何でしょうか？

私にとってのリーダーシップをできるだけシンプルに捉えると、その本質は**「人を本気にさせる力」**だと私は考えています。**人々が達成したくなるワクワクするような未来の完成形を描き出し、それが絵空事ではなく本当に実現できそうだと信じさせる力。そして、その物語の中でその人ならではの特別な役割を演じられると相手に信じさせる力。**その2つがあれば、目的のために人々が本気になり、仲間になってくれます。困難な挑戦でも一緒に立ち向かってくれます。10人いれば10通りのスタイルがあるでしょうが、私の場合、自分の特徴を活かして磨いてきたスタイルは、相手が演じてみたくなる物語を構想して人を巻き込んでいく〝**ストーリーテリング**〟**の能力**だと言えるかもしれません。

困難な中で踏み出すその一歩が、報われる未来に確実に繋がっていると人々に信じさせた時に、組織は爆発的な力を発揮します。例えば、USJ時代に直面したのは730万人まで落ち込んでいた集客です。それを開業時の1100万人を超えるまでに復活させられることを、私には明確に見えていたその〝勝ち筋〟を、〝負け癖〟が染みついていた組織にどうやって信じさせるか？　だから私は、USJを再建するための「大戦略三段ロケット構想」をぶち上げ、ほぼ毎日、社内SNSのYoupiを使って日記を全従業員に向かって発信していたのです。10周年の開始からですから5年以上続けたことになります。私のビジョン、それを実現する戦略、USJはなぜ復活できるのか、その根拠は何なのか。来る日も来る日も、パークで働くすべての人に公開されたオープンな場で一人一人の質問や疑問にも答え、時には炎上し、壮絶な時間と情熱を注ぎこんで、従業員の意識を一丸とすることに成功しました。

四半世紀のキャリアで、私の今は、その「ストーリーテリング」の能力に行き着いています。そしてこれからも進化してまだ知らないどこかへ辿り着くでしょう。繰り返しますが、私は多くの皆さんと同様に、まだまだ発展途上なのです。

一人一人が異なる特徴を持って生まれ、さまざまな後天的な条件の違いで、さまざまな違いが増幅されています。しかし、すべての人が、自己保存の本能に導かれ、自分が生きている意味を実感できる居場所を常に探しています。そして多くの人が、自分が生きていく意味に飢餓感を持ちながら、その居場所に導いてくれる「誰か」との出会いを待ち望みながら、今日を生きているのです。途方もない夢を本気で腹の底から信じて語れる人。自分すらも気がつかない自分の可能性を信じさせてくれる人。困難な時でも最期まで絶対に戦い続ける覚悟を信じさせてくれる人。そうやって、自分を本気にしてくれる人。そんな「誰か」が自分を見つけてくれる瞬間を人々は待ち望んでいるのです。

V字回復を成し遂げたUSJは、新たな株主が現状維持へ方針転換し、沖縄の新パーク構想を含めて多くの投資計画が白紙撤回されることになりました。当時、USJに攻め続けさせる信念だけは譲れなかった私は、既に使命完了していたUSJに惜別を告げ、一人去って新たなる大冒険に旅立つ覚悟を固めました。そこで、もはや生涯忘れることができない事件が起こったのです。私と共に戦ってきた両手に余る仲間たちが「森岡さん、どこまでも一緒に連れて行ってください！」と言ってくれたのです。その時の気持ちだけで、その後の人生は何もなくても生きていけると思ったほど感激しました。

USJ時代の私は、仲間たちを勝たせるために必死で奮闘しました。しかしそれは、勝つために必要な高くて過酷な期待値の一線を引き、そこまで誰に憎まれても嫌われても、人々の仕事のクオリティーを引き上げる私の不退転の覚悟にドライブされた激しく厳しい戦いだったのです。だから、短期間で日本一業績が跳ね上がったUSJは、ある意味で「日本一過酷」な職場であり、私の鬼のような期待値に見合った仕事の質と量と、劇的な個人レベルの成長を要求される修羅場だったはずです。そんな苛烈な職場では私に近かった人ほど大変だったはずです。そんな仲間たちがV字回復を成し遂げ、これから多額の予算も使えるようになったUSJでの安心とやりがいを捨てて、私のような何も持たない人間の雲を掴むような起業にご自身の人生やご家族の生活を賭ける!?　そんなことがあってよいとは私には思えませんでした し、そこまでの重い責任を自身の起業が背負えるかと考えると、正直なところ重過ぎるものも感じたのです。

それらの人々が一気に出て、せっかく再建した我々の作品であるＵＳＪが立ち行かなくなったらマズいので、私は何とか踏み留まってＵＳＪで頑張ってくれるように何度も説得を試みました。しかし…。これまで一緒に味わってきた挑戦する喜びを失うくらいなら、この後はどうなってもよいので連れて行ってほしいと懇願する人。森岡さんは苦手なことも多いから1人じゃどうせ無理なので、自分が脇を固めて支えます！と言い放ってくれる人。森岡さんの戦略があればいかようにも凄い目的に辿り着けます、と信じ切った目で鼓舞してくれた人。森岡さんと働くヒリヒリ感がなくなると、きっと病気になるので勝手について行きますと、泣きながら言ってくれた人もいました。

そこまでの強い結びつきを一人一人と感じていたのが、自分だけではなかったことを知り、そんな仲間たちの言葉を聞きながら私は涙が止まりませんでした。人とすぐに友達になれない、友達が多くないことに悩んだこともあるそんな私の人生に、ついに同じ目的を本気で追う「仲間」ができたことを知った瞬間だったからです。

確かに転職は日本国憲法で認められた個人の自由な権利です。私がＵＳＪを旅立つことを自ら決心したように、プロとしてそれぞれが自由意志で旅立つことがどうしても避けられないならば、タイミングをずらして出ることを腐心してほしいとお願いしました。せっかく皆の力で世界屈指のテーマパークにまで創り上げたUSJを凹ませるわけにはいかないからです。そして、本当に私が起業する小舟（当時は具体的な構想は何も固まっていなかったので）が乗るに値するかは、その時にそれぞれが自由意志で決めることを約して、私はUSJを旅立ちました。

野に下ると、起業家としての覚悟に目覚めました。私は2017年初頭から桜が咲く頃まで、後の刀に繋がる構想を日々練りに練り上げました。私が生み出すべきは、もはや小舟ではなく、多くの人の賛同を得られるぶっとい大義をメインマストに掲げ、誰にも負けないスキルとノウハウをキール（船の背骨）にして、仲間の情熱を空回りさせずに確実に燃やして進む、小さくとも最新鋭の船が必要でした。皆が人生を賭けたくなる血沸き肉躍る「事業として創出すべき価値」を、そのためのビジネスモデルを…。あの中の何人が本当に参画する決心をするのかはわかりません。私はこれから歩くことになる刀の物語を構想したのです。別れ際の仲間たちがかけてくれた重いプレッシャーのおかげで、USJを辞めてもそれまでのストレスを癒やす暇もなく必死になれたのは、むしろ良かったと今では思います。

また、それまでのサラリーマン人生と一線を画する挑戦として、人生で初めて〝食欲に打ち勝つ挑戦〟もこの時期にやりました。１０８kgまで肥大していた私の身体が、起業する身となってから心臓麻痺や糖尿病などで働けなくなっては、仲間たちやその家族たちの人生を考えると申し訳ないでは済まないと思って決意したのです。私の得意な数学を使って、代謝を上げるドライバーを分析して明らかにし、できるだけ効率的なダイエットに取り組んだ結果、４カ月で40kg以上の減量に成功しました。まあ、人間は、怖いものやストレスがあると痩せられるものです。私の場合は、起業によってサラリーマン時代とは次元の違う緊張感と鬼のようなストレスを抱えるようになって、そんなに呑気にたくさん食事が喉を通らなくなりましたね。

そうやって刀を立ち上げた後に、私の去り際にどうしてもついて行きたいと言ってくれた仲間たちが、それぞれの意志とタイミングで少しずつ刀に合流してくれました。さらに私の旗揚げを聞きつけたP&G時代の仲間たちも「森岡さんのビジョンを一緒に実現させてください!!」と、次々と刀に来てくれました。ゼロから始める私の新たな冒険に、多くの優秀な仲間たちが文字通り〝人生を賭けて〟加わってくれたのです。

あれほど孤独の闇を抱えて生きてきた私に、そんな日が来るなんて想像できませんでした。

自分の激しい凸凹と悪戦苦闘し続けた日々の果てに、これほどありがたい未来が待っていた…。その感激は上手く言葉にすることはできません。その感激こそが今の私を突き動かす原動力になっています。

私は、この素晴らしい仲間たちを何としても勝たせたいのです。一人残らず必ずゴールに連れて行って、みんなで歓喜の絶叫をしたい！　そのために私のあらゆる時間やエネルギーや生命ですら使い果たしたって構わない。仲間たちが奮い立つような未来を、そこへ辿り着くための練り上げられた勝ち筋を、一人一人の決定的な活かし方を、私の全智囊《ちのう》を絞り切って突き詰め考え抜いて、何が何でも達成したい。そう本気で思えるのです。

周囲から受け入れられないことで苦しんできた偏狭な私は、リーダーシップ経験を積み重ねることで何とか自己変革を繰り返し、そしてついに同じ目的を本気で追う仲間たちと出会いました。結局はここまでの私の歩みも、〝自分の居場所〟を模索しながらあがき続けた旅であったように思います。それは孤独だった私自身が、頭を打ち続けて気づきが生まれ、人を活かせる自分になりたいと切望するようになった果てに、少しずつ出来上がってきた未来です。

結局、リーダーシップとは、自分自身の一度しかない人生で叶えたい夢を実現するためのスキル。受動的に流されがちな人生を、どれだけ主体的に操縦して乗りこなせるようになりたいのか？ということ。それに等しいと思います。

自分が望む未来を本気で欲すること、そしてそのために本気で行動し続けること、王道はこれしかありません。自分の人生という〝荒馬に乗れるか？〟そもそも〝乗りこなしたいのか？〟そこに明確な意志を持つところからすべてが始まるのだと私は確信しています。そして私の旅はまだまだ途中です。自分の特徴ゆえの苦しみとの戦いは続いていますし、これからの私も、私の大切な仲間たちも、さらに強力に進化していかねばなりません。まだ見ぬ新しい景色を仲間たちと一緒に見るために、私の挑戦は続きます。

第8章

危機時のリーダーシップ

〜コロナ災厄から脱するために〜

ここからは、コロナ災厄時代のリーダーシップに関して、私なりの考察と見解をお話ししましょう。言うまでもなく、2020年は世界中が新型コロナウイルスから始まった未曾有の事態に見舞われています。日本においても人々がかつて経験したことのない大混乱に陥りました。緊急事態宣言を経た現在も、個々の企業の深刻なお話のみならず、先行きの見えないこの事態にどう向き合うべきかという社会的な視点でのご相談までが、私のところへ多く寄せられるようになりました。私は具体的なパンデミック対策を云々する公衆衛生の専門性はありませんが、一人の日本人として、この事態から日本が力強く蘇っていくために不可欠だと考える視点を述べさせていただければと思います。

2019年末に中国・武漢から世界に飛び火していったこの未知のウイルスが、年初には日本国内にも大規模に侵入してしまったことが明らかになりました。その恐怖による緊張感が深刻さを増していた2020年2月、私はコメンテーターとして出演したフジテレビ「Live News α」の全国生放送で以下のように発言しました。

キャスター「森岡さんは新型肺炎（新型コロナウイルス感染症）が与える日本経済への影響をどうご覧になられていますか？」

森岡「もちろん大前提として、公衆衛生上の対策に関してはまずは〝しっかりやる〟というのが前提なのですが、私は気になっていることがあって、**このウイルスの実力以上に社会を停滞させるのは避けたい**と思うわけですよ。影響が大きな業界はありますし、だからこそ、それ以外は**できるだけ〝日常〟を大事にすべき**だと思うんですね。このままでは、消費が落ち込んで経済が縮小して、ぐるっと回って一人一人が苦しむように、我々に返ってくる、そういう展開が怖いな、と。なので、例えば、映画を観に行きたいなら行けばよいと思うんですよ。その代わり、うがいもする、手洗いもする、しっかりやる。**必要以上に恐れない、そして我々は日常を大事にする**、そういう気概が大事なんじゃないか、と。マーケターとしては、結構この不安の根源になっているのは、やはり情報の不透明さなんですね。フェイクニュースがこのウイルスに関しては流行っていますので、その情報が本当に当局が発表した一次情報なのかどうか、冷静に見極めてほしいわけです。**高度な判断力を持つ、連帯する力を持つのは人類だけ**ですので、何とかこのウイルスと我々は冷静に戦っていければいいんじゃないかと思います。」

まだ2月だったので、情報が限られていましたし、生放送の〝尺プレッシャー〟の中で言いたいことを言い切れたとは思っていません。しかし、「実力以上にウイルスをのさばらせない」というのが、その当時からブレていない私の率直な考えです。私はマーケターですので、あの時に一番心配していたシナリオは、群集心理がパニックを起こすことでした。

そして残念なことに、尊い人命の損失のみならず、このウイルスはその実際の殺傷力を遥かに上回る激烈な大ダメージを社会に与え続けています。実質経済を破壊するそのインパクトは世界中で大きく、4～6月の四半期の経済成長率はアメリカでは約3割減、イギリスでは約2割減。そして日本も約3割減という見たこともない地獄のような数字が上がっています。このままでは新型コロナウイルス自体によって失われる生命被害だけでなく、それを端にした〝ほとんど人災〟とも言うべき経済被害によって失われる生命の方がずっと多い事態へ突き進んでいるのではないか？　私の強い危機感はそこにあります。

我々日本人は、**このウイルスを実力以上にのさばらせず**、**可能な限り〝日常を守る決意〟を固めるべき**。そのために一人一人が戦うこと、つまりそれぞれの立場でリーダーシップを発揮することが極めて重要だと私は思うのです。

1 コロナ問題の本質とは何か？

これを書いているのは2020年10月です。2020年春に実行された異例の緊急事態宣言が解除されて以降の〝アフターコロナ〟と呼ばれる時期ですが、依然として混沌とした状態が続いています。しかし、私は〝アフター緊急事態宣言〟ならともかく、〝アフターコロナ〟という言葉は適切ではないので改めた方がよいと思っています。今も、これからも、しばらくは〝コロナ問題のど真ん中〟だという認識だからです。このコロナ災厄は年単位の長期戦になると私は考えています。

コロナ問題の本質とは何でしょうか？　日本では既に1700人超（2020年10月末時点）もの尊い命が失われ、時間の経過とともにさらに多くの命がウイルスに奪われることでしょう。しかし、それら痛ましい被害者数は目に見えている結果にすぎず、今の社会混乱を衝き動かす人間の本質はもっと深いところにあると私は考えています。人間は、購買行動に限らずすべての行動において、本人でも明瞭に意識すらできない〝本能〟に常に支配され、その行動は操られています。無意識的な行動だけでなく、意識的な行動ですら、我々は〝本能が感知している何か〟によって衝き動かされているのです。

私は、この**コロナ問題にまつわる人々の行動を支配している本質は「恐怖」**であり、その恐怖を取り除かない限り、このコロナ問題を収束させることはできないと考えています。逆に言えば、新型コロナウイルスを必ずしも撲滅できなくても、人々が本能的に感じる「恐怖」を激減させることで、我々はコロナ以前の安心感で暮らせる社会を取り戻すことができるのです。この問題は本質的には一人一人による「恐怖」との戦いです。そしてコロナ災厄に対して本能が反応している「恐怖」は主に3種類あるのではないか？と私は考えています。

1つ目は、自分や自分の大切な人の命が奪われるかもしれないという「生命の恐怖」。2つ目は、この新型コロナウイルスによって起こるさまざまな経済インパクトによって、自分たちの収入や生活がどうなるのかという「経済的恐怖」。この2つは日本だけでなく世界中で共通しています。しかし、3つ目の恐怖は、日本人の特徴を反映しており、この国でとりわけ厄介で強烈なものです。それは、〝自分が責められること〟を極度に恐れる「社会的恐怖」です。

これら3つは、いずれも個体の自己保存欲求（生存本能）に対して大きな脅威であり、相互作用して相乗的に被害を増幅させるので強力です。それらを対処できない限り、コロナ災厄は終わらないと私は考えています。

❷ みんなで一緒に沈む国

社会的恐怖…。日本ではこれが本当に厄介です。その結果、このウイルスを実力以上に暴れさせ、今も現在進行形で経済を不必要なまでに破壊し続けています。誰一人、そんな未来を望んでいないはずなのに、人々はまるで「みんな一緒に貧しくなろうとしている」かのようです。

もともと〝対人恐怖症〟は日本人の国民病ともいわれます。人からどう思われるかを気にして、「自分が周囲から責められること」や、「自分が責任を問われること」に対して〝過敏な人〟がマジョリティーの国民性です。もちろん、そのおかげでこれほど治安が良かったり、マスク着用率が高かったり、さまざまな恩恵もあります。世界で類を見ないほど道徳律が高く、「世間」が効く場面では皆がまとまるのが早い。しかし、そんな同調圧力も、度が過ぎれば害悪です。第一波が終わってさまざまなことを学んだ我々は、このコロナ災厄から抜け出すために、そろそろ社会的恐怖を明確に捉えて、それとも意識的に戦わねばなりません。

流行している感染症に罹《かか》ってしまうことは、本人にとっては気の毒なことであり、同情されてもよいはずです。まして、決して罪ではないはず。しかし、この国では、まるで犯罪者か何かのように共同体から吊るし上げられ叩かれ、非難の業火に焼かれます。私は、そんな日本は異常だと言わざるを得ません。異様に同調圧力が強いこの国は、リスクを科学的に見る前に、世間を慮《おもんぱか》る情緒的反応が先行して、過度な社会的恐怖を増幅させてしまいます。

ある人の社会的恐怖が、別の人の社会的恐怖を喚起して次々に伝染し増幅させていく…。クラスターを出してしまった事業者や個人を社会が異常に叩く風潮は、本当に集団ヒステリーの〝魔女狩り〟そのものでした。感染してしまうと、職場、地域、親族…自分の大切な共同体の中で〝罪人〟のように責められる。まして自分のせいでクラスターなんて出してしまうと、共同体の内側からだけでなく、その外側の社会からも袋叩きにされてしまう。SNS大全盛の現代では日本中からの攻撃が容易に個人を襲うので、その恐怖は甚大です。

だから、ほとんどの人の行動規範が、自分を守るために「責められるのは嫌、責任を問われるのは嫌」でいっぱいになってしまい、**社会的恐怖を逃れることが目的化**してしまうのです。

〝魔女狩り〟と言えば、歴史に残る酷い事例もありましたね。クラスターを出してもいないのに、一般人のみならず、マスコミや、首長をはじめ地方政府からも徹底的に叩かれた〝パチンコホール〟への不当な仕打ちは、前代未聞でした。私自身は、パチンコは一切しませんし、彼らの事業には特別な感想もありません。しかし、日本社会の〝正義〟と〝公正〟のために極めて強い怒りを禁じ得ません。彼らをあれほどの圧力で叩いた行政関係者や〝自粛警察〟と呼ばれた人々の法的根拠は一体何だったのか？　憲法第29条で定める休業補償をまともに出さずして、公権力が「自粛のお願い」なるものに応じなければ事業者名を公表して〝民衆に血祭りにさせる〟と脅す構図は、さすがにいかがなものでしょう!?　実際に公表して事業者を〝制圧〟する自治体もありました。

彼らが業態として大規模クラスターを連発でもしていたならいざ知らず、実はパチンコ店はかつてタバコの煙が立ち込めた業態の特性上、通常の商業施設よりも換気能力が高い設計基準になっています。そうでないと営業許可が下りないので、そこらの公務員オフィスなどよりも換気は遥かに良いのです。「密」になりにくい！　しかも一人一人が一定の間隔で着席し、もともと言葉少なく、人ではなく「台」に向き合います。そのような特徴の業態で、入店時の検温と消毒、マスクの着用、客の入れ替わり時の消毒などの対策を徹底した場合、あれほど袋叩きにされないといけないほど感染リスクは高いのでしょうか？　どなたか公正なリスク評価を行ったうえでの圧力だったのであれば納得性もありますが、おそらくそうではないでしょう。

この不公平な扱いは、**考えることを放棄した人々の集団パニック**に他なりません。彼らを叩いた世相や政策の根源は、何の科学的根拠にも基づかない、パチンコ業態そのものに対する漠然とした〝反感〟と〝偏見〟でしょう。その業態が気に食わなければ、人々は〝見せしめ〟に叩いてもいいのでしょうか？ 偏見による〝濡れ衣〟を着せて圧力をかけて、生活の糧である商売を強引に封じてもよいのでしょうか？ そんなことが許されて我々の社会は成り立つのか、甚だ疑問です。これは集団ヒステリーの典型的な実例として、忘れないように記憶すべき日本の恥だと、私は大変残念に思っています。

人間は弱いので、集団パニックに陥ることもあるでしょう。ギリギリの状況で為政者が判断を間違ってしまうこともあるでしょう。しかし、これほどの理不尽に対して、あれから何カ月も経ったのに、誰か総括して謝罪の一つでもしましたか？ 彼らに圧力を加えた人々は、ちゃんと公正なレビューを行っていただきたい。私がそう願うのは、パチンコ業界のためではありません。これからも続いてほしい日本社会の公正と正義のためです。

3 プロならば100と0の間で解を見つけよ

すべての事業者には社会的使命があるにもかかわらず、「安全」といえばすぐに社会的使命を放棄しようとする日本の風潮はおかしい。なぜならば、「100」のままでもマズいけれど、すぐに「0」にしていては長期戦必至のコロナ災厄を日本人が生き抜くことはできないからです。私はそう確信しています。

例えば、今回のコロナ騒ぎで、TDR（東京ディズニーリゾート）もUSJ（ユニバーサル・スタジオ・ジャパン）も真っ先にクローズしました。彼らは社会のために自分が真っ先に犠牲になって範を示したつもりでしょう。しかし、巨大パークの内情をよく知る私には、社会的使命の放棄があまりにも早過ぎると思いました。私ならばあんなに早くは閉めません。

実際に、USJが閉めた後でも、私の「刀」が支援させていただいている大自然の冒険テーマパーク「ネスタリゾート神戸」は運営を続けていました。しかし、ネスタリゾート神戸にも、「TDRやUSJが閉めているのに、どうして閉めないんだ!!」という強い声が攻め寄せてきました。ネスタの施設のほとんどは屋外であって、どう考えても「密」になりにくいのですが、科学的根拠などには聞く耳を持たない〝集団ヒステリー〟の一方的な圧力が襲ってきました。それでも屈せずに、安全対策を工夫して開け続けていましたが、兵庫県の緊急事態宣言によって閉めざるを得なくなりました。

TDRやUSJは最大手なのですから、自分を守ることだけでなく、社会全体への影響も考えるべきです。100か0ではないその間にギリギリの正解を見つけるリーダーシップをぜひ発揮していただきたかったです。

あの時期に彼らが真っ先に閉めたことで、日本全国にテーマパークや遊園地などの集客施設は〝閉めるべきもの〟という巨大な圧力が生まれました。そしてその圧力はエンターテイメント業界全体へと波及し、エンターテイメントは不要で不急なんだから閉めろという世論、ひいてはエンターテイメント業界全体の零細事業者をとてつもなく圧迫したのです。キャッシュを潤沢に持っている大手ならばしばらく閉めても復活できます。しかし零細事業者はそうはいきません。TDRとUSJがつくった〝集客施設は自粛すべきという流れ〟は、多くの業態に対する過度な自粛圧力の津波、ひいては日本社会の集団ヒステリーをつくり出した

〝象徴的な震源〟になったと私は考えています。

〝安全〟という名の〝安易〟

コロナ災厄のずっと以前にも、これと同根の出来事があったことが思い出されます。私は、かつてUSJ時代に、大雨が降るとすぐに全線の運行を止めてしまうJR西日本に激烈な抗議文を送ったことがあります。彼らは、台風や大雨が降ると、頻繁に全線を止めるのです。しかも前日に運休を発表することも、それをまるで善行のように堂々と行っていました。しかし、当日には、他の私鉄は徐行どころか、通常運転をしていたことさえありました。

「全線止めるのが当たり前になっているのはどういうこと?」。私は強く不審に思っていました。全線止めなくてもどこか動かせないのか? せめて利用者の多い大阪環状線くらいは動かせないのか? 徐行でも動かせないのか? どうしてこんなに早く全部を「0」にするのか!? そこで、当時USJのCMO(最高マーケティング責任者)だった私の名前で、公式に抗議文を送ったのです。「他の私鉄は動いているのに、この絶望的な差は何なのでしょう？」と。

確かにJR西日本は大雨に脆弱な盛り土区間を広範囲に持っているので、他の関西私鉄よりも難しい状況があることは知っていました。また、福知山線の大事故で100人を超える死者を出してしまったトラウマもあるのでしょうか。事故を起こすリスクに敏感になっているのもわかります。総じて安全リスクに緊張感を持つことは非常に正しいでしょう。また、私の主張に対しては、読者の中にも「運休するのは人命のため」、そして「前日に運休発表するのも当日に人々を混乱させないため」であり、「人の命を乗せる責任の重みも知らない森岡が何を言っているんだ！　安全というものをわかっていない！」という人も多くいらっしゃるでしょう。

しかしながら、私はそういう人たちに対しては「あなたこそ安全を守ることがわかっていない！　それこそが安全の前に思考停止するということです！」と迷わず申し上げることにしています。

私は、鉄道などよりも遥かに複雑な3次元軌道を走る〝乗り物〟を多数備えるテーマパークにおいて、6年以上の在任期間で延べ1億人近いゲストをお迎えしていた人間です。ジェットコースターも、ハリー・ポッターのライドも、多数のアトラクションも、無数のイベントも、安全管理を怠ると事故を起こす緊張感を常に持っていました。世界中でまだ事故による死者を1人も出していない業界最高の安全基準とノウハウを持つユニバーサル・パークの中でも、世界最大の集客を誇るUSJの経営をしていた私です。安全のために何が必要かについては、それなりの知見を持っています。

そのうえではっきり申し上げましょう。**本当に安全第一であるならば、安全のためにもっと設備投資をしておくべき**なのです。毎年降ることがわかっている大雨であり、かつ降雨量が年々増していることは十数年前からわかっているのです。当然のように毎年何度も全線運休を繰り返す前に、そんな何千億円も内部留保を積み上げておきながら、どうして大雨対策のために〝安全のための投資〟を十分に行わないのか？

読者の皆さんはなぜだと思いますか？　それは、**安全の前に思考停止したこのユルい社会がそれでも許してくれるから**です。その結果、世の中の快適と便利はもちろん、投資が後手に回り、人々の安全さえも犠牲になっていきます。

もちろんリスクが高いままで運行するのは絶対にダメです。それでもゴリ押せと言っているのでは決してありません。私は「事業認可されて独占を許されている鉄道事業者なのですから、頻繁に全線を運休するような〝異常状態〟を放置し続けるのは問題ではないですか？」と申し上げているのです。そして、ハード面への設備投資だけでなく、（詳述は敢えて避けますが）ソフト面においても安易に0を選択する前にもっと準備すべきことはあるだろうと思っていました。

日本社会に蔓延しているのは、安全と聞くとすぐに思考停止して、本当に安全のためにベストを尽くしているのかを見極めようとすらしない人々です。そうやって考える視点そのものを持ち合わせていません。「安全のためならば仕方ない」と反応することが、さも「自分はものわかりの良い人」であるかのように、最初から考えること自体を放棄しています。鉄道を止める凄まじい社会的マイナスに対して「事業者が本当にベストを尽くしているのか!?」と誰もチェックしないし、メディアでさえも全く突っ込みません。

しかし、私はその〝安易さ〟が気になって仕方ありませんでした。本当に鉄道事業者の使命を果たすのであれば、**〝安全に動かす〟のがデフォルトであって、〝安全のために動かさない〟のでは本末転倒**ではないのか？　本当に安全重視の経営をしているのであれば、どうして毎年発生することがわかっている大雨に対して脆弱な盛り土区間を何年も放置し続けるのか？　安全のためにどうしてお金を使わないのか？　「安全を重視して、しょっちゅう休みます」という話が、当たり前として定着しているのは違うだろうと思っていたのです。

ちなみに、私が激烈な抗議文を送った結果、ＪＲ西日本さんはＵＳＪと真摯に協議し、公益のために環状線だけは大雨でもできるだけ動かせるように、毎年〝数億規模（具体的数字は伏せます）〟の路線の雨強度の改善に投資を行うことを約束してくれました。その後、全線運休の発生頻度はかなり減った印象はあります。

いずれにしても、このユルい日本社会では、私がしたように公然と「おかしい！」と噛みつくことは稀でしょう。世論調査をすると、大多数が鉄道運休に理解を示す数字が現れます。ここに日本の深い病根が滲《にじ》み出ています。**日本人の頭の中には、〝安全と聞いたら使命を放棄してよい〟という思考回路が出来上がっている**のです。そうやって、〝**安全の名を借りた安易**〟を批判することを完全に忘れた人々は、多くの企業が職業使命を放棄することを助長して、人々を怠惰にし、社会を劣化させます。

実際に、鉄道が止まると仕事や学校に行かなくても済みます。実は、その方が多くの人にとっては楽なのです。事業者も国民もみんな「安全」を言い訳にして、全員で談合して「雨が降ったらお休みで♪」のハメハメハ大王の歌みたいになっている。でも、その歌のモデルとなったハワイ王国も結局どうなったかはご存知でしょう。これが休校を楽しみにしている小学生なら構わないのです。いい大人が、プロが、職業使命を放棄して休みになるのを簡単に受け入れてどうするの？という話です。日本経済が停滞・凋落《ちょうらく》して久しいにもかかわらず、我々がそれではあまりにも危機感がありません。思考を止めず、何ができるのか、考えるのがプロの仕事です。

職業使命を守る覚悟

かつてのUSJでの話をもう少し具体的にしましょう。どんな大雨が降ろうが、台風が来ようが、地震が起ころうが、確かに色々ありましたが、私の在任中は1日もUSJを閉めさせませんでした。特に鉄道が止まるような日は、ただでさえ大雨だけでもゲスト数は激減するのに、最寄り駅のJRが前日に全線運休を発表するものですから、来場数はもう壊滅的に減ってしまうことはわかっているわけです。しかし私はそれでも閉めなかった。

そんな中でも営業するためには、JRは止まっているわけですから、パークを動かす従業員を集めるためにバスやタクシーなどの追加費用を急遽用意して、何千人分もの〝足〟を確保しなければなりません。そして、それぞれの分野のプロたちが、危ないことが起こらないように施設や木々を事前に丁寧に養生しつつ、状況によっては迷いなく屋外施設の幾つかを運休しつつ、屋内施設や屋外施設でも個別の基準で安全に動かせるものはできるだけ稼働させながら注意深く管理する。そうやって何とか1日も閉めずに、毎日楽しみに来てくださるゲストをお迎えしていました。

コストは嵩《かさ》むし、万が一にも怪我人を出すと責任を取らねばならないし、会社としても、私個人としても、閉める方がよほど楽なのです。開ける方が途方もなくややこしくて儲からなくてしんどい。まさに〝労多く益少なし〟です。しかし、私は一度も閉めさせなかった。どれだけ少ないゲストでもお迎えしました。読者の皆さんは、なぜだと思いますか？

それは**「どんな時でも人を笑顔にすること」が、我々エンターテイメントに従事する人間の職業使命**だからです。その日を楽しみに来てくださるゲストのために、いや、そんな日にさえ来てくださるゲストのために、我々はベストを尽くす。何年も前から楽しみにして遠方から来てくださるゲストもいらっしゃいます。我々にとっては365日のうちの1日かもしれませんが、ゲストによってはその日がＵＳＪを楽しめるたった一度のチャンスかもしれないのです。

だから、私は１００でも０でもないその間にギリギリの解を見つけることにこだわりました。できる限り、ゲストの想いを受け止めさせていただきたかった。それがエンターテイメントの職業使命であり、テーマパーク事業者としての我々の誇りだったからです。パークを閉めることは本当にどうしてもゲストの安全が確保できない場合のみです。しかも、その決断は、こちら側の労苦やコストを優先して行うのではなく、万が一の時に自分が責められるリスクを回避するためでもなく、消費者との根源的な約束を基軸にした〝ブレない消費者視点〟で下すべきだと考えていたからです。

プロフェッショナルならば、危機時であっても、１００でも０でもないその間に、最大限の努力と知恵を振り絞って〝解〟を見つけるべきです。仕事をしているすべての人には職業使命があります。今、コロナ災厄を抜け出すために必要なのは、一人一人がそれぞれの持ち場で、その職業使命に執着する覚悟、そしてその覚悟に基づいて行動するリーダーシップではないでしょうか。それができるのは、それぞれの現場を知り尽くしたプロフェッショナルだけなのですから。そして企業経営に関わる方々は、社会の公器である企業を１００と０の間に挑戦させる覚悟を持っていただきたいのです。

そして、エンターテイメントに従事する皆さんに私が信じていることをお伝えしたい。コロナ災厄では、エンターテイメント業界にとりわけ厳しい自粛圧力の嵐が吹き荒れています。この先もヒステリーを起こした社会にどんな嵐が吹くか予断を許しません。多くの才能が、この業界で私と同じ夢を追っている仲間たちが、歌うことも踊ることも許されずに、食べることさえ苦しい状況に追い込まれています。誰かが勝手に、〝不要〟だとか、〝不急〟だとか決めつけたからです。

しかし、**人はエンターテイメントなしに生きていくことはできない**。その点だけは絶対に間違いありません。エンターテイメントは決して、〝不要〟でも〝不急〟でもないのです。1つのエンターテイメントが、1つの笑顔が、1つの感動が、人生を変えて、あるいは時代をも超えて、人の命ですら救う生きる力になることを、この仕事に誇りを持つ我々だけは知っているはずです。むしろこういうご時世だからこそ、人を感動させる力が必要です。

どうかエンターテイメントの力を信じて、それぞれの持ち場で100と0の間に解を見つけてください。それは、顧客との最重要な約束を選び抜いて、それを刀折れ矢尽きるまで創意工夫して追求し続けることです。そこに挑戦するご自身に誇りを持って、何とかこの困難を生き抜いていただきたい。大丈夫です。皆さんのエンターテイメントを愛してくれた人々は、本能に導かれて、必ず皆さんのもとに帰ってきます。

4 〝責められる覚悟〟のない大人たち

コロナ災厄の世の中においては、安全の前に思考停止した人々は何でもかんでもリモートにすることがデフォルトになっているようです。しかし、そもそもこの世の中にはリモートでも果たせる職業使命があれば、リモートでは果たせない職業使命もあります。リモートで可能な仕事をリモートにするのは賢明ですが、リモートにすべきでない仕事までリモートにしても当然だと考える今の社会風潮は間違っているのではないでしょうか？　そしてリモート化してはいけない割合が大きい最たるものが「教育」です。

教える側と教わる側のより深い関係性の構築はもちろんのこと、多くの学友との関係性においても〝思考の多様性〟を身につけるうえで、対面教育の重要性は言うまでもありません。人は集まってランダムに揉まれることで、情操と社会性を鍛え、生きていく力を身につけるものです。リモートばかりだと自分が意識できる目的に紐《ひも》づいた情報や刺激しか入ってきません。大人も同様で、リモート会議ばかりだとその時に必要と意識できることしか話さなくなりますよね？　多感な時期にはとりわけ、人々に囲まれている中で偶然に発生する刺激や出会い、耳目に入る情報こそが、大切な成長の糧なのです。

もしもリモートで学力を身につけることだけを学校教育の目的にするならば、この社会をより良く変えていくために不可欠な多くの能力が身につきません。例えば、Self Awareness（自分を理解している度合い）も、リーダーシップ能力も、そのために不可欠な経験を積むことがリモートだけでは不可能であることは、本書の読者なら説明の必要すらないでしょう。**学校教育がリモート化してはならない度合いが強いのは、学校が現実社会の縮図として、社会性を総合的に伸ばす場として機能させねばならないから**です。

そして前提となる大切な理解ですが、既往症や特殊事情でもない限り、10代20代の若者が新型コロナウイルスで死亡する確率は今までのところ日本では極めて小さいのです。実はこれまでの日本国内の死者１７００人超（２０２０年10月末時点）のうち、約８割が70歳以上の高齢者に偏り、29歳以下の世代における死者数は既往症を報じられている力士を含む２人です。その限りなく小さな確率を前にしても、多くの子供や若者から「教育を受ける権利」を奪う日本のコロナ災厄でのやり方は間違っているのではないでしょうか。

大学教育の深い闇

大学関係者の皆さんへお伝えしたいことがあります。皆さんの職業使命に懸けて、一刻も早く対面授業が当たり前の日常を取り戻してください。これ以上、学生たちから教育を受ける権利を奪わないでください。リーズナブルな対策をしたうえでも確率上どうしても発生する感染者もクラスターも、それは大学側にとっても不可抗力の〝社会的コスト〟です。その被害は、新型コロナウイルスの被害であって、あなた方の巻き起こした被害ではありません。しかし、今、皆さんの顧客である（死亡率が極めて小さい）学生を目の前にして、これだけ長きにわたってサービスを極端に低下させた状況を引っ張ることは、それは間違いなくあなた方の職業人としての敗北であり、人災です。どうか皆さんの純粋なる職業使命に則《のっと》った正しい行動へ覚悟を持って立ち向かっていただきたい。日本の未来のために切にお願い申し上げます。

文部科学省のアンケート（大学等における後期等の授業の実施方針等に関する調査：令和2年8月25日～9月11日実施）によると、全国の大学における２０２０年の後期日程においてでさえ、「全面的に施設利用が可」と答えたのは約3割しかありません。確かにほとんど閉鎖した前期日程に比べると、多くの大学が遠隔と対面を併用して授業を再開するのは進歩ですが、**〝全面的に対面授業を再開する〟と答えたのはまだ全体の約2割**にすぎません。

京都産業大学のクラスター騒動へのバッシングの影響が大きかったのではないでしょうか？ 海外旅行帰りの京都産業大学の学生からクラスターが発生し、そのタイミングが3月下旬の〝魔女狩り〟の最盛期だったこともあって、不見識なメディアや集団ヒステリーの方々から、確かに叩き放題に叩かれました。あの騒動以来、対面授業を検討していた大学も〝クラスターを出したら世間からあれほど責められる！〟と、風向きが変わってしまったのではないかと私は見ています。

しかし、そもそも学生が旅行して何が悪いのでしょう？ 当時から感染しても重症化リスクが低いとわかっていた学生が、新型コロナウイルスに感染して何が悪いのでしょう。どうして感染することや、感染者を出すことがこの日本社会では〝罪〟になるのでしょうか。学生として行うべき勉学に励み、学外においても社会を知るための活動を積極的に行うことは、学生としての本分です。大学側のできることも、他の事業者と同様に、マスクと手指消毒を奨励して、ハイリスク者との接触には特に気をつけることぐらいです。それでも確率的に感染者がどうしても出てしまうことは、一般の職場と同様に避けられないじゃないですか。

したがって、大学や学生を責める声に阿《おもね》って、キャンパス活動をこれだけ長く制限したことは、大学が誇るべき知性の敗北だと私は思います。世間の圧力に屈するのではなく、あの時に「日本の未来である教育を守るためには仕方ないではないか。それは日本社会が継続していくためのコストである！」と、思考停止の世間と対峙する気骨のあるリーダーがいていただきたかったのです。正義感なきリーダーの下では「堕落」が起こります。しかし、**正義感はあってもリスクを取らないリーダーの下では、組織や同僚は職業使命が果たせない「無為」に陥る**でしょう。リーダーには、ビジョンだけでなく、その前提にそれが正義か否かの判断と、そして自らが責任を取ってでも使命をやり遂げる覚悟が必要ではないでしょうか。

それと同時に、大学の現状に1つ苦言も申し上げます。それは大学がまともに授業をしなかったのに、授業料を返還しようとしないことについてです。率直に申し上げると、私にはその姿はもはや教育者とは程遠い〝あこぎ〟な姿として映っています。早稲田大学や法政大学などの「学費は返さない」発言も、残念を通り越して、あまりにも正直なので呆れてしまいました。大学の固定費は開けようが閉めようがほとんど同じなので、学費も同じだけいただきますと…。

その主張は百歩譲ったとして、「学費を全額は返さない理由」になっていたとしても、**「学**

費を1円たりとも返さない理由」には全くなっていない。残念なのは顧客視点がゼロなことです。「売上や利益は、顧客が享受するベネフィットが源泉である」という市場の大原則を無視しています。学費納入時とは、サービス低下は間違いないのですから、満たせていないサービス分の授業料を返還しないのは、債務不履行としか私には思えません。

私なりに解釈した彼らの主張は2つです。1つは、コロナ災厄でも予定通り「4年間でちゃんと学位授与」するのだから、それに伴う料金（4年間で学位授与に関わる一切の学費）は返さないという話。2つ目は、失われたサービスは、これから4年間全体であれこれ工夫して埋め合わせるのだから料金は返さないという話。

1つ目の「期待通り4年間で学位をあげるのだから、金も満額払え」という論理は、今の日本の大学教育の〝深い闇〟を象徴していると思います。その論理をわかりやすく言えば「君たち、学位を買いに来てるんだろう？　ロクに授業はできていなくても、学位はちゃんと売るのだからお金は払ってもらうぞ」と言っているのです。しかし、そもそも論として、学位の本質とは何でしょうか？　ある一定の教育を修めた人間に対する、その研鑽《けんさん》の〝中身〟に対する証明ではなかったのでしょうか？　教育サービスを著しく低下させて学位を授与するなど、本来はあってはならないはずです。

当然ですが、**法律上でも、学位を授与することは「結果」であって、「大学教育の目的」ではないことは明らか**です。（「大学の目的」は、学校教育法第83条に「大学は、学術の中心として、広く知識を授けるとともに、深く専門の学芸を教授研究し、知的、道徳的及び応用的能力を展開させることを目的とする」と定められています。そして「学位」については、学校教育法第104条をまとめると「大学（専門職大学及び短期大学を除く）は、文部科学大臣の定めるところにより、大学を卒業した者に対し学士の学位を、大学院の課程を修了した者に対し修士又は博士の学位を、専門職大学院の課程を修了した者に対し文部科学大臣の定める学位を授与するものとする」とあります。）

目的は、教育の〝中身〟です。学位はその結果にすぎません。つまり、学生やその保護者が苦労して払っている高い**学費の対象は、大学教育の本質である〝教育サービスそのもの〟であり、「学位」ではない**ということ。その本質である教育サービスが、学費納入時の期待をこれほど裏切っているのに、その状態を放置し続け、挙句の果てに料金を一切返さないとは、許される行為だろうか？と、私は問うているのです。

2つ目の「期待されたサービスを4年間トータルで取り戻す」とのことですが、それは実際に埋め合わせてみてから主張されたらいかがでしょうか？　もしも4年トータルでの〝教育サービスそのもの〟が本当に変わらないのであれば、料金は満額取ってもよいでしょう。しかし、半年どころか1年、あるいはもっと、このコロナ災厄で満足に実施できなかった大学教育サービスを、一体どうやって取り戻すのでしょう？　例えば、最後の1年でコロナ災厄を喰らった4年生はもう卒業してしまいますが、どうやって取り戻すのか!?

大学の本質的な目的である「教育サービス」の欠如を補えないのであれば、それに対応する学費を返還しないことが許されるのはなぜ？　どんな商売でも、サービスを供給していないのに客からお金を取ることは許されません。数週間や1カ月程度閉めた話ではないのです。これだけ長きにわたってこれほどサービスを劣化させているにもかかわらず、1円も学費を返さなくてもよい正当な理由を述べてください。多くの大学のトップの皆さん、学生も世間もちゃんと見ていますす。皆さんの主張は、ガチガチの規制産業である皆さんの中でしか通用しないのではないでしょうか？　結局のところ、この2つ目の「4年トータルで何とか補う」という主張も、「4年で学位をあげるのだから、お金はちゃんともらいますよ」という、学問の本質を外した理屈がなければ成り立たないのではないでしょうか？

皆さんも一緒に考えてください。大学は金を払って学位を買いにいくものなのでしょうか？それで本当によいのでしょうか？　確かに現在の日本における学位とは、入学試験に受かって、授業料を払って、大して研鑽を積まなくても適当に勉強（教育）したことにして、大多数が4年間で卒業すればもらえるもの、になっています。今回も「コロナのせいでロクに勉強させてないけど、勉強したことにして学位はあげるから金は満額払ってね！」と。

本当はそんな「学位」なんて値打ちのないものです。しかし、それでも「大卒学位」の有無によって生涯年収において学費の元が簡単に取れる日本社会なので、その状態がずっと放置されています。多くの大学が、学生全員が必死に勉強してすべての授業にすべて出席されたら、大学のキャパシティーが見合わないような人数を入学させ、学生が適当に「学位」を買いに来て、適当に勉強したことにして卒業させることを見込んで、大学側は受験料や授業料で「良いお客さん」から儲ける構造になっている。

コロナ騒ぎが浮き彫りにした大学問題の核心とは、「**日本はずっと長きにわたって大学側と学生側が〝お互いに怠ける談合〟のような構造にあり、全体としてはみんなでサボっている**」ということではないでしょうか？　だから日本の大学の競争力は国際社会の中で長年にわたって低調なままで、そんな無為な4年間で大量生産される学生も日本のライバルとなる他国の知的上澄み層に比してクオリティーが低いままなのです。

大学教育関係者であるほど、その深い闇に慣れてしまっている人をよく見かけます。それでも許されてきたからです。今回のコロナ災厄でも、対面授業はしないいし、施設も使わせないけど、大学授業料は返還しません。かといって、対面授業を再開するのは、何かあったら大学側が責任を問われて世間から攻撃されるのが嫌なのでそれもしたくありません、と。世間がこの事態を許しているのも「安全の前に思考停止」しているからではないでしょうか。

夏の甲子園中止に思う

子供たちのかけがえのない機会が失われた、その象徴的な出来事が今年の春だけでなく夏も中止した「高校野球の甲子園大会」です。主催者をはじめ、意志決定に携わった人々は難しい決断をしたのでしょうが、私はその判断は間違っていたと思います。主催者の皆さんは、無観客での地方大会が幾つも実施された状況を眺めながら、甲子園球児たちは一生に一度の晴れ舞台を完全に断念させられるのが不可避だったと今でも考えておられるのでしょうか？きっと「結果論でものを語るな！　あの時点ではあれがギリギリの断腸の決断だった！」とおっしゃりたいでしょう。

しかし、私にも嫌というほど経験がありますが、意志決定者の役割とは、そのギリギリでの決断による〝結果〟に責任を負うことです。私には、夏の甲子園を中止したことも、自分が責められるリスクから逃げた大人たちの敗北として映っています。これも「安全の前の思考停止」が招いた結末としか言いようがないのです。

あの時点の決断として、100と0の間の決断は本当に不可能だったのでしょうか？　私も何万人という大人数の運営管理をする職能者の端くれですが、覚悟さえあれば色々選択肢があったのではないかと思うのです。そもそもこれほど長年にわたって、球児たちの純粋なヤル気のおかげで莫大に儲けてきたのですから、こんな時ぐらい主催者側が腹を据えた資金拠出で可能な限り解決するやり方はあったでしょう。もちろん、どれだけ対策をしても、クラスターを出してしまうリスクは常にあったはず。でも体力漲《みなぎ》る高校球児たちは感染してもどうということはないと、あの時点でも既にわかっていたと思います。

問題は彼らが感染を拡げることで全国各地にコロナウイルスが飛び火した場合に、それが原因でハイリスク者に感染が蔓延して、死者が出るかもしれない可能性に対して、世間から猛バッシングされるリスクだったのではないでしょうか。それは「どこまで世間からの非難に耐えられるのか？」という、「社会的恐怖」に真っ向から向き合う、とても難しい決断だったのではないでしょうか。つまり〝中止〟の根本理由は意志決定層の〝自己保存〟だったのではないかと私は推測しています。「人命に関わるかもしれなのに、何かあったら自分はどうなるんだ？」という内なる声とともに、思考停止スイッチが入ったのではないでしょうか？

そんな時に、どこまでいっても決して0にならないリスクに対して「責められる覚悟」を持ちやすい社会であってほしいと、私は申し上げたいのです。もちろん、そんな中でも組織をその難しい100と0の間に突っ込ませる決断力のあるリーダーが増えていくことは大切です。しかし、あまりにも強すぎる〝社会的恐怖〟に対して「やろう！　責任は自分が取る！」と決断することは、誰にとっても簡単ではないことを、多くの人に知っておいていただきたいのです。

現状は、社会的恐怖が強すぎる日本では、結果としてお互いに潰し合っているようにしか私には思えないのです。「みんなで貧乏になろう」的な、それは誰も得をしない結末に辿り着きます。そのせいで「〝中止して責められる〟のと、〝実施して責められる〟のと、どちらの方が自分にとってリスクが小さいか⁉」という軸で判断する大人が蔓延してしまいます。横並びで無難な「自分が責められることから最も遠い安全策」に終始してしまいます。その状況で全体の目的のために自己保存から離れた正しい決断が下せる人は、特殊なトレーニングと経験を積んできたほんの一握りだけです。ほとんどの人が、ヒステリックな声や同調圧力には屈してしまいます。なぜならばそれが人間の本能だからです。したがって、**〝ウイルスの罪を人にかぶせて人を責める行動〟は、大切な社会を壊して沈ませることに他ならない**と、多くの人に理解していただきたいのです。

甲子園に比肩できない超規模スポーツイベントとしては、2021年に延期された「東京五輪」も、コロナ災厄の現状が激悪化でもしない限り、実施する前提で進むべきと私は考えています。何としても実行する覚悟で全力を尽くして実現すべきです。「難しい、やるべきではない」と思う方は多いでしょうし、不安に思わない人はむしろ稀だと思います。中止にするとわかりやすい安全リスクが0になって、最も〝無難〟に思えるからです。

しかし、中止してしまった時の日本国全体が背負うマイナスも重いことを理解せねばなりません。この巨大イベント中止が与える影響は、短期的な経済へのインパクトだけではありません。「やってのける」のと「中止する」のとでは、国際社会での「日本」のプレゼンスに大きな違いが生まれます。中止しても、その半年後には中国・北京での冬季五輪があることを我々は想定しておかねばなりません。

そして、これだけ難しい局面で実施を決断し、それをやり遂げた先に生み出される世界中の感動と日本の取り組みへの評価は、五輪史に残る快挙となるでしょう。不参加の国が出てこようとも、観客は絞ろうとも、世界からアスリートを受け入れ、疫学的に導線を可能な限りコントロールする難しい道に挑戦すべきと私は考えます。それは究極のプレッシャーがかかる決断となります。

私は、その難しい決断をできるリーダーも、その難しい運営をやってのける能力も、日本の中にまだあると信じています。何千年にもわたって、繰り返されてきたこれほど壊滅的な自然災害からその都度立ち上がり、そして75年前に灰塵《かいじん》に帰した国土からも復興して世界の頂点に届く豊かな国を築いてきた日本人です。**むしろ、これだけ高度に張り巡らされた社会インフラと、〝過剰〟なまでの道徳律と衛生管理が行き届いた日本だけが、コロナ災厄下での五輪を実現できる**と思っています。もちろんリスクはあります。しかし、率直にそのチャレンジを乗り越え、やってのける我々日本人の近未来を見てみたいと思うのです。

そういう難しい決断をする人は自分とは違う人種ではないのです。一人一人がそれぞれの持ち場のプロフェッショナルで、それぞれの立場で100と0の間を決断するための「責められる覚悟」を持つべきです。それは社会のせいでも、コロナのせいでもない。日本社会をどうやって豊かにしていくべきか、そのために自分は何をすべきかを厳しく問う、一人一人の覚悟の問題です。そうでなければ、このどうしようもなく暗く重いコロナで沈んだ空気を変えて、社会経済を回しながら弱い立場の人を守りつつ、避けられない年単位の長期戦を生き抜くことはできない。我々には〝出口戦略〟が必要なのです。

5 コロナ災厄の出口戦略とは何か？

コロナ災厄からの出口戦略は、その本質である3つの恐怖をどう打ち消すか？ということを考えたものになります。そのために「生命の恐怖」「経済的恐怖」「社会的恐怖」の3つが、相乗的に作用する連鎖を断ち切るために何をすべきなのかを考える必要があります。この新型コロナウイルスとの戦いは、ウイルスとの戦いに見えて、その本質は人々の本能である恐怖心との戦いだからです。

私は、リーダーとして何が何でも経済を活性化させるために100のままでどこまでも行け！とは決して考えていません。このコロナ災厄はそんなに簡単な話ではありません。我々同胞の中には、確かにハイリスクな人がいる上に、医療崩壊が起こる事態になれば本来は死ななくてもよかったはずの命がどんどん失われる事態に陥ります。そのような展開は避けねばなりません。ではどうするのか？

生命の恐怖から脱却できるほどに有効な治癒薬やワクチンが普及するまでの間は、「できるだけ医療崩壊を起こさないようにしながらどうやって経済を回すか?」という難しい問題を解決せねばなりません。そのためにこの新型コロナウイルスの特徴である、**リスクが人によって極端に違うという点を衝く以外にはない**のではないかと考えています。みんなで自粛だ、今度はみんなでGoToだと一括りにするのではなく、ハイリスクな人と、そうでない人を分けて、それぞれがどうすべきか?という社会的なコンセンサスを形成することが急務だと考えています。つまり、ハイリスクな人を社会で守り助けながら、それ以外の人は感染を恐れずに逆に使命感を持って積極的に経済を動かすのです。

出口戦略の基本的な考え方は、全体を一括りにした大雑把過ぎるやり方を改めていくことです。おおまかなポイントを3点にまとめてみました。

❶ ハイリスク者の自粛および逆隔離

有効な治癒薬やワクチンが普及するまでリスクの高い人々（主に既往症者と高齢者）を自粛や逆隔離によって感染リスクを下げ、それ以外の人々はハイリスク者との接触には細心の注意を払う配慮を社会的コンセンサスとする。

❷積極的な経済の活性化

ハイリスク者でないのであれば積極的に経済を回すべきという考えを啓蒙する。そのためにハイリスク者以外の感染が増加することは〝やむを得ない社会的コスト〟というコンセンサスを形成する。

❸低リスク者に医療リソースを使わない

低リスク者は基本的に自宅で治すことを社会的コンセンサスとする。現在の新型コロナウイルスの特定感染症2類の格付けを、ここまでのデータから実際の死亡率に見合う正しいランクに見直し、低リスク者へ過剰に割いている医療リソースをできるだけ引き上げる。

今、皆さんの目の前に灰色っぽく見える熊が現れたとします。その時に、何となく黒っぽい灰色とか白っぽい灰色などと、乱暴に〝灰色〟で一括りにするのではなく、もっと分析の解像度を上げてよく見てみるべきなのです。そうすると、その灰色っぽく見えた熊は、黒い部分と白い部分がモザイク状に混ざった〝パンダ〟であることがわかります。黒い部分には黒い施策を、白い部分には白い施策を講じるのが正しいのです。しかし現在は、パンダに対して、社会全体で〝灰色〟の施策を講じてしまっているのが問題なのです。灰色では、白にも黒にも十分に効きません。

全員で自粛して巣籠もりするとか、全員で一斉に動き出すとか、どれも一括りで大雑把が過ぎます。正確には、自粛すべきリスクが高い人と、罹っても平気な大多数が混在しているのです。積極的に動いて経済を回せる人が巣籠もりするのは、非常にもったいない大きな社会的損失です。全体としては冷房と暖房を同時にかけているのは正しいのですが、それぞれの施策が、冷房（自粛すべき人）と、暖房（経済を活性化すべき人）のターゲットそれぞれに的確に当たらねばなりません。これはビジネス戦略を考えるアプローチと全く同じです。

そういう局所ブレーキや局所アクセルを、どのタイミングでどこに対して利かせるかの答えは、第一波のデータがあるわけですからちゃんと分析すれば科学的にわかるはずです。業態単位でもなく、どういう業態の中のどのような状況がクラスターを発生させるかについても、もっと解像度の高い分析ができるはずですし、実は当局はとっくにそういう分析は済ませているだろうと私は推測しています。その本当にハイリスクな部分だけに、必要ならばもっとピンポイントで踏み込めるように法的環境も整備する必要があるでしょう。しかし、ほとんどの業界や業態において経済活動を維持向上させることを大原則とし、積極的な消費や設備投資を奨励するべきです。

こういうことを書くと「高齢者を切り捨てるのか!?」という批判が必ず起こります。しかし、私は高齢者を切り捨てているつもりは一切ありません。むしろ高齢者や既往症者などハイリスクの人々を本当に感染から守るためにはこの〝逆隔離〟の一択しかないと考えています。このウイルスは特定の条件の人だけ異様に死亡率が高いのですから、ハイリスク者が街中をウロウロ出歩いて感染してしまうと、もちろん自らの生命リスクだけではなく、重症化しやすいので医療キャパを逼迫《ひっぱく》させてしまいます。したがって、ハイリスク者の皆さんは、自分の命と社会の医療キャパを守るために、治癒薬が普及するまでのおそらく1～2年だけは自分ができる限り感染しないことに使命感を持っていただきたいのです。

私にも70代の高齢の両親がいます。苦労して生きてきた二人にとって、人生で最も若い日である〝今日〟を、こんな重苦しい空気の中で自粛して過ごすことになるなんて、痛恨の想いです。もっと人生を楽しんで謳歌してほしいと切実に願っています。もしも再び全員で3カ月閉じ籠もればウイルスを消滅できるならば、皆で引き籠もって自分の両親も早く安心して外出できる世の中に私もしたいです。しかし、そんなことをしてもこれだけ大規模に蔓延したウイルスは消えません。型を少しずつ変えながら、これからも人類社会の中に存在し続けるでしょう。したがって、ハイリスクな方々は、このタイプのウイルスに有効な治癒薬やワクチンが普及するまでは、何とかご自身が感染しないように全力を尽くしていただく他ないのです。

そしてその年単位の長期戦は、〝兵糧切れ〟との戦いになります。生命のリスクをより多く抱えるハイリスクの方々は、感染が怖くて表をなかなか歩けないし、まして外で普通に働くことが難しいわけです。したがって我々の社会は、このハイリスクの皆さんを2つの点で支えなければならないでしょう。まず、ハイリスク者と接触する際には自らが感染している前提で、衛生上の細心の注意を払うこと。そして感染してもほとんど平気な大多数の動ける人たちは、動けないハイリスクの人たちの分までむしろ使命感を持って働き、遊び、社会経済を動かして〝お金〟を生み出し、ハイリスク者の皆さんの生活を社会全体で支えること。だから、〝安全〟の前に思考停止して、全員で引き籠もって活動停止している場合ではないのです。動ける人は経済を動かさないと全員で沈むことになります。

優しさには〝お金〟が要るのです!!

早く一人一人が日常を取り戻して、民間の力で実質経済をフル回転させないと、未来は大変なことになります。経済は最悪のはずなのに、その割には株価や不動産価格が下がらないので、まだ多くの人に経済の危機感が足りません。しかし、その真相は、日本も欧米も世界中の国々が、政府系マネーによる前代未聞の相場維持で〝国有資本主義〟をやっているからです。また、GoToだ、補助金だと、ジャンジャン使っている兆規模の予算も、人々の感覚をマヒさせています。前代未聞の災厄だからある程度のカンフル剤は必要と私も思いますが、それでも我々は思考停止してはいけないと思います。この瞬間も国の借金はどんどん膨らんでいるのです。それを払うのは一体、誰なのか!? それは次世代に回す〝ツケ〟であるという自覚を我々大人は忘れてはなりません。今日生まれた何の罪もない赤ちゃんのためにも、我々大人は一刻も早く、自力で、民間の力で、実質経済を成長させないといけない。

我々は、お互いを思いやることがデフォルトになっている日本人です。ウイルスにはない、連帯する力を持っています。社会全体の公益から考えて、自分が一市民としてなすべき正しい行動とは何か？　自分が職業人として死守すべき使命とは何か？　新型コロナウイルスに大きく凹まされたこの社会を、我々は、一人一人は、どのように変えたいと欲するのか？　その〝欲〟を正直に掲げて邁進しなければならない。自分の周辺を望むカタチに近づける力こそが重要です。

それを実現するのは、本書で力点を置いてきた共同体と自分の「目的意識」の共有、そしてその目的に対して行動する覚悟、つまり我々一人一人のリーダーシップの発揮です。これほど一人一人の使命感とリーダーシップが求められる局面はないのではないでしょうか?

集団ヒステリー下にある日本社会で、こういう発言をするには私自身も大きなリスクが伴うので覚悟が要ります。私の本業を鑑みるとこの種の発言は控えるべきとの周囲のアドバイスももらいましたが、私はマーケターや実業家である前に、一人の日本人です。このコロナ災厄に直面する日本社会の行く末を考えると、どうしても火中の栗を拾わずにはいられませんでした。

7月19日にオンエアされた読売テレビの「そこまで言って委員会NP」に出演して、私の「安全の前で思考停止するな! プロならば100でも0でもないその間でギリギリの解決策を見つけて皆で経済を回せ! 優しさにはお金が要る!」という趣旨の発言をしました。人気番組ですので、大方の賛同の声だけでなく、厳しいご意見も少なからずいただきました。それでよいと思っています。自分に来るこの種の機会を活かして発言させていただくことも、微力ながらも日本社会にこうあってほしいと願う私自身の「欲」だからです。

我々が戦うべき相手は、コロナウイルスそのものだけではないということ。むしろ、もう1つの強敵、人間が人間の行動をお互いに萎縮させる「社会的恐怖」とも戦わないと、善良な人の普通の暮らしが崩壊します。みんなで潰し合ってみんなを沈ませようとするこの敵の存在を、多くの方々に少しでも明瞭にしていただくことが私の一連の発言の目的です。

端的に言えば、「社会的恐怖」と一人一人が戦う覚悟を持つということです。消費者としても、職業人としても、ご自身の行動を選択する時にそのことをぜひとも覚えておいていただきたいのです。そして責められる覚悟を持ったプロが、100か0ではないその間での解を粘り強く追求すること。社会全体も100か0ではなく、動ける人が動けない人のためにも動くことを正義とし、未曾有の経済的混乱に対して備えること。その意識がマジョリティー（半分以上）を占めれば、人災部分は必ず解決できます。

私の周辺で見え始めた光明も幾つかあります。そのうちの1つを紹介します。

この章の冒頭で紹介した、緊急事態宣言の要請に応じて閉めたことで大打撃を喰らった「ネスタリゾート神戸（破綻した大型年金施設・旧グリーンピア三木の再建プロジェクト、「刀」との協業でV字回復中）」ですが、この夏から果敢に新エリアをオープンし、日帰り客を急増させながらV字回復をさらに激しいカーブで爆走しています。２０２０年9月の売上が昨年同月対比で１３３％、さらに10月は１８７％と、コロナによるダメージ以前の昨秋と比べても劇的な成長を見せています。このコロナ下で縮小した外出需要の中で、しかもＧｏＴｏなどの恩恵を受けにくい構造の中で、どうしてネスタはこんな信じられない数字が出せるのかと、関係金融機関の皆さんにも驚かれています。

実はコロナ前から、ネスタと刀で一緒に汗をかいて取り組んでいるマーケティング力強化による再建の成果は、協業1年足らずで売上を約3倍にまで伸ばしていました。しかし、先述したように緊急事態宣言以降はパークを閉めざるを得なくなり売上は強制的にゼロに。

そんなネスタの秋の快挙を可能にしたのは「ネスタ経営者の揺るがない決断」だったと私は断言します。実は、準備してきた新エリアをこの夏～秋のタイミングでオープンさせる並々ならない決断は、まさに緊急事態宣言によって閉園して絶望の底にいた春に下されたのです。皆さんも経験していたと思いますが、あの全く先が見えない自粛圧力のど真ん中で、数カ月後の新エリアオープンを決断したのです。

そのタイミングでネスタのような規模の会社が新エリアのオープンを決断するということ

は、売上ゼロの状況で〝なけなし〟の予算から、人件費、広告予算、さまざまな引き返せないボタンを恐る恐る押すということです。もしもまた夏に緊急事態宣言が出れば、それらの予算が無駄になりかねない大きなリスクを孕む決断です。もちろん、刀は精緻な分析に基づいて勝ち筋を計算し、確信を持ってこの夏からの反撃開始を提案しました。しかし、集客施設への風当たりが最悪で、足元の売上がゼロで、その先もどうなるかわからない、あの頃の日本の集団ヒステリーで追い詰められた渦中において、あれほど重い決断ができる経営者は他にいるだろうか!?と私は思うのです。

危機時こそ、業績が悪くなると情緒的パニックに陥って、玉を石と言ったり、その逆を言い始めたり、経営者の胆力はあからさまに試されます。そしてほとんどのリーダーの胆力は足りず、正しい決断ができなくなるものです。しかし、ネスタのトップは全く揺るがなかった。その地域を良くしたいという「欲」の強さ。この事業の大義に懸ける並々ならない覚悟と情熱。そんな**リーダーの決断のおかげで、この秋のネスタは昨年をも圧倒する恐るべき実績を積むことができている**のです。ネスタも、この先はもちろん何が待ち受けているかはわかりません。いい時もあれば、きっと悪い時もあるでしょう。しかし、私が申し上げられることは、どんな局面であろうとも、状況を良い方向に転換させる変化の起点は常に「人」であり、「こうしたい、こうありたい」と強く願う〝覚悟のリーダーシップ〟だということ。大義のためにリスクを取れる人がいなければこの世界は少しも変わらないということ！

世界を変えるのは、人が本気で欲する力。それさえあれば、きっと切り口は見つけられる、その勝ち筋へ皆を動かすことができるのです。その法則は、一企業も、一個人も、日本社会も、全く変わりません。

こんな程度の殺傷力しかないウイルスに、我々はいいようにやられ続けはしません。連帯する我々は、何度でも立ち上がってきた日本人は、ここから数年で元気な社会を必ず取り戻すのです！　我々一人一人がそう強く欲して行動することが、新型コロナウイルスとの戦いであり、日本人に求められている〝リーダーシップ〟ではないでしょうか。

おわりに

未来は我々がつくる！

刀の起業でのちょっとだけ突っ込んだ話

マーケティング集団「刀」を立ち上げて、4年目に突入しました。おかげさまで多くの企業が顧客となり、社員53人、それぞれの持ち場で最高の結果を引き出すべく奮闘しています。しかし2017年に刀を始動させた当初は、本当に先が見えない不安な状態が続いていました。

正月から桜が咲くまでじっくりと考えた構想には自信はありましたが、抱える責任が重いと不安も比例して大きくなります。私の不安の根源は、もしも私の目論見が外れてしまった場合、大切な仲間たちとその家族の人生までも狂わせてしまうことでした。だからある程度の軌道に乗るまでは、最悪の場合でもピンで食べていける強力なキャリアを持っているベテラン勢だけを厳選し、「本物のマーケティング力を相手企業へ移植する」ために邁進していました。

しかし、すぐに顧客がつくわけではありません。多くのベンチャー企業と同じように、売上が立たないうちは誰にも給料すら払えない。売上がないのでオフィスも借りずに、仲間のマンションの貸し会議室を1回2000円で借りて皆で集まっていました。自前のコピー機なども持てないので、顧客候補へのプレゼンに向かうのにもコンビニやキンコーズなどのコピー機に並んで資料を準備していました。出張するにも株主優待券を買って安く飛び、泊まるホテルも極力安く。みんな、それまでのキャリアを活かしてどこなりと転職していけば、ビジネスパーソンとしては超一流の待遇を得られる人たちばかりが、そんな刀の立ち上げを一緒に戦ってくれたのです。それでも〝キャッシュレス状態〟は続いていました。

合言葉は「ベンチャー精神!!」。

そんな「やりがいのあるプロジェクト」と「報いるためのキャッシュ」が一刻も早く欲しかった時期に、ある事件が起こります。いただけることになった〝1000万円〟もの初の売上を、私が断固拒否してしまったのです。非常に大義も魅力もある、とあるプロジェクトに参画することになっていた刀は、我々のノウハウの幾つかを提供しながら契約へと進んでいたのです。それが先方の考え方が変わり、刀はそこまでとなってしまいました。先方は手弁当で働いていた刀の尽力に対して、善意から1000万円をお支払いしたいと申し出てくださいました。

しかし、私はそれを即座に断ったのです。先方の社長は「オフィス代やら何やら資金が何かと必要でしょう。だから、森岡さん、ここは御社の従業員のためにも、私の顔を立てると思って納めてください！」と何度もおっしゃってくださいましたが、私も頑として丁重にお断りしたのです。もちろん、会社のためにキャッシュは喉から手が出るくらい欲しかったです。仲間たちの中には悲鳴のような声もありました。「森岡さん！　お金には色はないでしょう!?　それでコピー機が買えるじゃないですか!?」と。しかし、私は刀のためにそのお金を受け取ってしまったら絶対にダメだと考えて断ったのです。

マグロ釣りの漁師が、マグロが釣れないからといって、アジ釣りで対価をもらうようになったら、もはやマグロ漁師ではなくなってしまうのです。安易な方に心が傾いて生計を立てるようになってしまうからです。そうなるくらいならば、我々はそんな苦労などしてベンチャーなど立ち上げず、最初から大きな会社で安穏とアジ釣りを続ければよかったのです。我々はそういう生活が嫌で、マグロ釣りに挑戦したくて冒険しているのではないのか？　であれば、どんなに苦しくても目的は変えない。マグロを狙い続ける!!

それと、それまでに我々が相手に提供したそれまでの努力もノウハウも、そんな1000万円どころの価値ではありません。私は、仲間たちの力を結集した刀が生み出せる価値に、絶対的な自信があった。我々のノウハウはそんなに安くはないのです。少なくとも私はそう確信していました。1000万円という値札を付けられて、もしもこちらが合意してしまったら、どうやってそれからの自分たちの価値を信じ続ければよいのかわからなくなると感じました。

しかも、我々は彼らとは対等なパートナーとして同じ目的を追っていたはず。ならば、我々がお金をもらう理由がそもそもないと思ったのです。もしも彼らからお金をもらうと、我々は彼らに都合よく使われていただけの〝業者〟だったことになる。たとえ、まだ売上が1円もないちっぽけなベンチャーであったとしても、いや、**ちっぽけだからこそ我々の志だけは途方もなく大きく強くなければならない!** そうでなければ、この先に我々が目指す創業の大義などは達成し得ないからです。

その1000万円があっても大義には近づかない。しかも、もしも受け取ってしまったら、我々の心に〝汚点〟を残す。刀の最初の売上がそんなものであってはならなかったのです。武士は食わねど高楊枝です。対等だったはずの相手からの〝慈悲〟を喜んで受け取るくらいなら、刀という社名なんて変更して、「なまくら」とか「へなちょこ」とかにした方がいいのです！

したがって、苦しくても志を高く維持し、長期間頑張ってもどうしても成果が出ないのであれば、潔く刀を解散する！　私は背水の陣の覚悟を仲間たちに伝えて、我々がフォーカスすべき焦点をブラしませんでした。それは、狭義のマーケティングではなく、一気通貫の本物のマーケティング力を顧客企業に移植する、そんな大型プロジェクトを追うことです。そのために刀は、目先の問題解決ばかりではなく、組織づくり、意思決定システムの構築、マーケティングのトレーニング、評価制度から採用活動まで、「その企業がマーケティングを自走できるようになる」ための、あらゆる支援をします。

そういう存在が今の日本に皆無だからです。戦略だけを売るコンサルや、広告だけを売る代理店は日本にたくさんあります。しかし、戦略から実行するまでの強力なノウハウを一気通貫で提供できるのは刀しかないと、当時のみならず今でも私は確信しています。マーケティング力が社内にない企業の本質的な問題は、「戦略」だけでなく「実行する力」も、その両方が欠けていることです。戦略だけ買わされても、実行できないのでは何も変わりません。また、広告だけ買っても、本質的に戦略を理解できていませんから、たいていのケースは一発屋にすらなれません。

マーケティング力に優れた企業になるためには、外部から正しい知見を入れて、商品開発から店頭まで一気通貫で消費者視点を通す「本物のマーケティング」を組織内に構築する王道しかないのです。その王道を実行できる希少能力を備えた会社がせっかく生まれたのに、我々までも戦略だけを少額で売って効率良く稼ごうとするアジ漁師になってはいけない、それでは顧客の本当の役には立てない！　その覚悟で、私は刀の特徴を活かすことができるプロジェクトばかりを追うことを諦めませんでした。

そうは言いながら、内心の私は相当に追い詰められていました…。計算では大丈夫だろうと思っていても、実際に仲間たちに報酬が払えるようになるまではシビアな緊張感に苛《さいな》まれました。そんな中でもやっていけたのは、素晴らしい仲間たちがいてくれたからです。刀としての総合力を信じられたことに尽きると思います。〝1000万円事件〟から数カ月、苦しみながらも必死で協業パートナーを待った結果、幾つかの契約がまとまりました。それからはそれぞれの実力に相応しい報酬を払えるように刀は育っていったのです。

刀の協業プロジェクト

おかげさまで刀は大きな成果を出すことができております。これまで幾つかの協業プロジェクトを公表しています。

「丸亀製麺」との協業では、既存店の売上が下がり続けていた危機を、刀のノウハウによって「すべての店で製麺機を置いて粉から麺をつくってきた」事実こそが、消費者に選ばれる確率を高める「勝ち筋」であることを見極めました。それを新キャンペーンとして実行するところまで汗をかき、丸亀製麺の皆さんと力を合わせて、既存店を再び成長軌道に乗せることができました。

また、兵庫県にある破綻した年金保養施設グリーンピア三木の再生プロジェクト「ネスタリゾート神戸」での協業。これも非常に大きな成果が上がっています。明確なブランドイメージを創るためにイチからブランドを再設計し、広大な山の中に人を集客するための「大自然の冒険テーマパーク」として再出発しました。投資可能資金が極めて限られる中で、人間の本能を揺さぶる興奮を企画・体験化し、協業から僅か1年で売上を3倍近くまで伸ばしました。本章中でも紹介したように、コロナ災厄の中でもグリーンピア時代からの悲願であるキャッシュフロー黒字化に向けて邁進しています。

集客施設では他にも、西武グループの皆さんと一緒に温めてきた「西武園ゆうえんち」プロジェクトがあります。そして2021年に予定されているリニューアルオープンがいよいよ目の前に迫っています。これも難易度が高いプロジェクトですが、伝統ある古びた遊園地の〝古さ〟をプラスに活かしながら、人が行ってみたくなる場所に変えていく戦略で勝負します。西武の皆さんと力を合わせて、バーチャルでは味わえない生のパークならではの人と人が繋がる〝幸せ〟を実感できるように、老若男女の誰が来ても楽しい場所に生まれ変わらせます。

また、セガサミーホールディングスと協業する「横浜ＩＲプロジェクト」では、刀のノウハウを活かすことで、エンターテイメントを日本にとって真の成長産業へ引き上げる大いなる挑戦をしています。日本にできるカジノＩＲは国益に資する産業として発展させねばなりません。刀が培ってきた高度な需要予測、事業計画と投資資金のマネジメント、何よりもゲストが感動するさまざまなエンターテイメント体験を創り出す力と、セガサミーが培ってきた韓国・仁川での貴重なＩＲ運営経験を合わせて、世界との競争に勝てる総合エンターテイメントを目指します。

他にも、農林中央金庫と長期厳選投資信託「おおぶね」で協業しています。強い規制の副作用でマーケティングの発展が著しく遅れている金融業界こそ、日本人を豊かにするために刀のノウハウを活かすべきと決断したプロジェクトです。世界有数の機関投資家、文字通りの〝巨大戦艦（おおぶね）〟である農林中金の機関投資家向け（プロ用）の３０００億円を超える投資ポートフォリオに、普通の人が１００円からでも参加できるようにした画期的な投資信託が「おおぶね」です。この「おおぶね」を運用しているファンドマネージャーの奥野一成氏の「長期厳選投資によって日本人は豊かになれる」という哲学を拡めたいと私は思っています。ずっと成長し続けている世界経済の構造に長期間乗っかることで、普通の日本人が豊かになれること。「投機ではなく、投資の大切さ」。その信念を体現した投資信託「おおぶね」をもっと知っていただきたいと願っています。

沖縄に立てる旗

そして我々には、刀自身が沖縄を代表する企業の皆さんたちと力を合わせて一緒に設立した「ジャパンエンターテイメント」社による、沖縄の新テーマパークプロジェクトがあります。これは、私にとってもUSJ時代からの悲願であり、50年後や100年後の日本のためにぜひとも成功させたい一石です。沖縄は、観光業の成功のために奇跡のような地政学的条件を持ちます。移動距離3時間圏内に多くの巨大都市を含む3億人近い人口を有し、県下には世界に誇るさまざまな大自然の魅力を持ち、外国人のみならず日本人でさえ魅了する琉球王国時代からのエキゾチックな独自文化を育んでいます。その魅力は現在においてもハワイに並ぶ入島者数を誇るまでに発展してきました。

しかし沖縄の観光客1人当たりが落とす金額はハワイの半分以下で、遠く及びません。沖縄は、特に本島において、もっと言えば北部において、観光コンテンツがまだあまりにも足りないのです。もしもこの沖縄北部に戦略的によく考えられたテーマパークができたならば、アジアで屈指の水族館である「美ら海水族館」などと力を合わせて、北部へ観光客をもっと誘引して沖縄滞在における宿泊日数と客単価をもっと増やすことができます。そしてその新パークが投資として上手くいくことが実証されれば、沖縄に、北部に、もっと投資が集まる正のスパイラルが起こるでしょう。その流れができれば、高速道路は延伸し、いつか鉄軌道も走るでしょう。そうなれば沖縄の南北が繋がって、沖縄北部がもっと豊かになっていく。我々はその変化の起点をつくりたいのです。

実は、日本で最低レベルの県民所得である沖縄の中でも、北部は特に貧しいのです。新テーマパークの建設予定地の嵐山ゴルフ場の面積の大半を占める今帰仁村《なきじんそん》は、県民所得最下位の沖縄の中でも所得が最低水準です。この地域に稼げる事業が、つまり「仕事」が少ないからです。私は、この今帰仁村のように日本で最も貧しいといわれる地域こそが、マーケティングの力を最も必要としていると確信しています。日本で最も経済的に貧しい沖縄北部ですが、実は、極めて豊かな観光資源がほとんど未開発で残っています。私は、沖縄のために、そして日本のために、ここに持続可能な事業を創出したいのです。

そして、ここがとても大切なのですが、その**豊かな自然資源こそがこの地域の宝であることを明瞭に意識した事業化を最初から計画**しなくてはなりません。我々は、短期の成功のみを追ってはダメなのです。我々の新テーマパークは予定地の木々を限りなく切らないように、環境アセスメントを細心の注意で進めています。大自然を、今ある起伏を、自然性の強い森林を大切にし、むしろそれらを体験に活かしたパークを創るのです。重機で地ならしして木々を切りまくって建てるパークは都会に山ほど存在します。沖縄に来てみたくなる必然は、この土地ならではのユニークな自然遺産を活かすことから生まれます。それこそが沖縄に生まれる新パークのユニークな武器にできると私は確信しています。

この事業は、刀で成し遂げたい大きな夢の1つです。私は、ディズニーやユニバーサルに対抗し得る世界のテーマパーク・エンターテイメントの第三勢力を日本から生み出したいのです。刀には、ディズニーにもユニバーサルにもない高度なマーケティングのノウハウがあります。それは消費者の本質的な欲求を読み解く力であり、その消費者理解に基づいて科学的に体験を生み出すノウハウであり、高等数学を活用した独自の需要予測で投資を回収する科学的な経営ノウハウです。これらのノウハウを起点にして、日本の天才たちが生み出した豊かなコンテンツをフル活用して、クリエイティブの天才たちが、そして日本が、もっと報われる未来をつくりたいのです。

日本は0から1を生み出す天才が溢《あふ》れている国です。手塚治虫先生、宮崎駿先生、藤子不二雄先生、鳥山明先生、高橋陽一先生…。そして近年では、尾田栄一郎先生、諫山創先生、吾峠呼世晴先生…。本当に枚挙にいとまがないくらい、世界レベルの数々の傑作が生まれ続けています。しかも、漫画、アニメに留まりません。ハリウッドが映画化して世界中で儲けている「トランスフォーマー」のアイデアは、もともとは日本のタカラ[*8]の発明です。同じく「バイオハザード」は日本のカプコンが生み出しましたが、映画化して広めていくのはやはりハリウッドです。そして「モンスターハンター」や『進撃の巨人』なども海を渡るそうです。

日本のクリエイティブの天才たちがせっかく0から1を生み出しても、我々ビジネスサイドの人間が弱いせいで、日本生まれのコンテンツを日本のGDPに変えることがまだ十分にできていないのです。ハリウッドは1を買ってきて100にして儲けるのが上手い。オリエンタルランドもUSJも、日本のパークでの売上からディズニーやユニバーサルに、物凄い額のライセンス料を払っています。それらはアメリカにとって物凄い収益源になっているのです。

私はこの状況を変えたい、強い「欲」を持っています。1つぐらい、逆に日本に向かって世界中がライセンス料を払う強力な総合エンターテイメントの構造をつくってみたいと思うのです。我々の世代が潰えた後の日本を少しでも豊かに遺すために…。日本人は、もっとマーケティング力を強化して、日本の天才がせっかく生み出したソフトパワーをもっと活かして海外で稼ぎ、その生み出した富によってクリエイティブの天才たちがもっと報われるように、そしてその豊かさが日本社会に還元されていくように、強靭な構造をつくらねばなりません。

私は刀の仲間たちやそして志を同じくする内外の人々と力を合わせて、日本のために100年は稼ぎ続けるその構造をつくりたい！　そのために、経済成長著しく富裕層を生み出し続けるアジアの構造に乗っかって、日本に根を下ろしたテーマパークの第三勢力を生み出したいのです。我々の武器である科学的マーケティングによって、既存のどの勢力よりもその商圏の消費者をより深く理解し、消費者の体験価値にダイレクトに作用する部分に集中する投資採算性の高いやり方で「感動」を創り出せば、有利な戦いが展開できると考えています。

その日本発のプロトタイプ（試作型）を、日本で最も貧しい地域といわれる沖縄北部に創るのです。運営会社には未来の日本を豊かにする使命を念じて「ジャパンエンターテイメント」と名づけました。そしてその本社を沖縄北部（名護市）に置いたのです。この地域に多くの雇用を生み出して、税収を上げて、多くの相乗的な経済効果をもたらすためです。

私は「地方」という東京目線の言葉が大嫌いですが、「地方創生」の本当の意味は「その地域に持続可能な事業を創ること」であり、その本質は「人を育てること」だと考えています。観光事業をリードできる本当の「観光人材」をこの地域を中心に育成していくために、さまざまな仕組みを地元の皆さんと協力してつくっていきたいのです。そしていつの日か、今帰仁村の北山《ほくざん》高校や、名護市の名桜大学など、地元を卒業した若者がジャパンエンターテイメントの社長や幹部になっていく未来を夢見ています。

この沖縄の1号店を成功させ、2号店、3号店…と、アジアの主要都市にどんどん展開していく。この規模のパークを十数件持てば、オリエンタルランドをも上回る規模となり、ディズニーやユニバーサルとも切磋琢磨し得る経営規模を有することができます。そして我々の実績が固まっていく未来では、日本のクリエイティブの天才のご協力を仰ぎ、彼らの傑作を独自のプラットフォームに載せて、海外の消費者に〝濃い体験〟として直接届けられるようにしたいのです。いつの日か、あのフロリダのオーランドにも日本人が主導するテーマパークを建てて、アメリカ人や世界の観光客を感動させられたら痛快です。

日本の文化力の高さを世界の消費者に実感してもらう武器を整備する、そして日本はその対価として世界から収益を得る。今、ディズニーに代表されるアメリカ企業だけが成功しているその構造を、マーケティング力とクリエイティブ力の掛け算で、成長するアジアに誕生させたいのです。日本の未来の子供たちの目の輝きをきっと増すことができるでしょう。

どんな高い壁でも、階段さえ作れば登ることができます。その大冒険を仲間たちと成し遂げる、それが私の夢です。

リーダーシップの果てしなき旅

刀の船出は何とか軌道に乗り、まだ始動から3年足らずですが、2020年新春には大和証券グループ本社から140億円のマイナー出資をいただきました。この資本増強によって経営を安定させるとともに、新たに資本投資を伴う案件まで視野に入れられるようになりました。簡単に申し上げますと、それまではコンサルティング形態のみでマーケティング力を注入させていただいていたのですが、それに加えて2020年からは、刀が相手先企業に出資して経営責任を負う形で企業成長を加速させる座組みも可能になりました。刀が経営の当事者にならないと成長や再生が見込めない案件にも対応できるようになりました。

そうやって経営が安定していく中で、変わっていくものと、変わらないものがあります。変わっていくのは、やはりその都度の目的や企業規模に応じた〝組織構造〟です。私が全員と濃く繋がれる十数人だった頃の刀と、今の50人強の刀では、一人一人の力を発揮させる仕組みが同じではマズいのです。ネズミと象では骨格が違うように、組織は構造を変えないとそれ以上は大きくなれません。

変わらないのは、創業の理念、つまり刀の目的と価値観です。私自身も刀の代表としての役割をより良く果たしていくために、苦しい葛藤が続いていることは第7章でお伝えした通りです。しかし、やはり変わらないところ、絶対に変えてはいけないと決心していることもあります。それは、刀がどれだけ成長しようとも、私自身が今まで信じてきた大切な仲間たちとの〝共依存関係〟を、いつまでも〝対等な関係性〟として続けていけるか!?という点です。

刀のキャッシュフローがそれなりに回るようになってから、我々は今の大阪オフィスをドキドキしながら初めて借りたのです。その時に、仲間が「森岡さんの部屋（社長室）」を用意してくれようとしました。また、私が出張する時は「刀の社長なのですから、プレミアムシートやグリーン車に乗ってください」と。宿泊するホテルも「やはりそれなりのホテルに泊まっていただかないと」と気を遣ってくれました。

しかし、私は周囲の気遣いには深謝しつつも、それらをことごとく断ったのです。社長というのは一役割にすぎません。何も特別扱いされる必要はないと思っています。むしろ、社長だけが良い部屋や良い席や良いホテルがあてがわれるというのは、組織内に上下関係をつくって神経伝達を破断し始める恐ろしいことだと思っています。

だから、自分の部屋どころか自分の席すらない、お茶も自分で淹れる、交際費枠なども要らない、誰に対しても敬語で話す、社長車なども要らず、車は自分のお気に入りのジムニーで十分。私はもうだいぶ昔からこの通りのスタイル、わかりやすい人間です。そして、私は何も我慢しておらず、とても幸せなのです。みんなでグリーン車ならば構いません。しかし、よく考えてください。グリーン車に乗っても、プレミアムクラスに乗っても、早く着かないじゃないですか。ホテルも遅くまで働いて朝早く起きるのに、ベッドが清潔であれば寝ている間は目を瞑《つむ》っているだけで、部屋が広くても変わらないのにお金がもったいない。社長室なんか作ったら、ただでさえ情報が入りにくいトップなのですから、何もいいことはないでしょう。

私は、仲間たちと同じ苦労がしたいのです。大きな席に誰か1人座ってもらうなら、私よりもずっと疲れているはずの仲間の誰かに座ってほしい。私は自分の正体をそれなりに知っているので、私が輝けるのはこの仲間たちがいるからだとわかっています。偉くもない自分を、その大切な仲間内で偉そうに見せるなんて、本当にゾッとします。「今日、何人の人をヤル気にできたか?」は気になりますが、自分の会社で偉ぶることに何の欲求も湧かないのです。私はもはや、この素晴らしい仲間の力をどう活かしきるのか、そして我々の刀としての夢(≠欲)をどう実現するのか? そればかりを考えています。我々はまだ何も達成していないのです。我々の未来をつくる冒険は始まったばかりなのですから！

さて、本書もいよいよ最後となりました。いかがだったでしょうか？

リーダーシップは、意図的に経験を貯めることで身についていく後天的なスキルであること。そして、そのためには自分の中にあるリミッターを解除して、欲の強さを素直に開放して、その矛先を共同体にとっての価値と合わせていくことで、誰もがリーダーシップを発揮していくことができること。そして、私自身も含めて、それらを研鑽していく旅は、誰にとっても実に果てしなく続くこと…。

今、皆さんが理想的に思える〝偉大なリーダー〟も、実はその旅を続けてきた積み上げの結果ばかりを見ている。そのことを忘れないでください。そしてその偉大なリーダーにも最初の一歩はあったのです。その一歩を踏み出す勇気が持てるか？　行動できるのか？　その分かれ道からすべてが始まるのです。そして皆さんの脳がご自身にかけている強力なバイアスに惑わされないでください。その錯覚に気づくことができればそこから抜け出して、皆さんの可能性は、一度しかない人生のやりがいは、皆さんの望む「欲」の強さに素直に従って飛躍していくのです。

一歩を踏み出すストレスにも少しずつ慣らしていけば、自分という荒馬を自由に乗りこなすことができるようになっていきます。その先に、興奮とともに目を覚ます朝が訪れることを楽しみに、ぜひともご自身の夢を素直に開放してください！　未来は我々がつくるのです!!

最後に、現役の多忙につきどんどん筆不精になっていく私を叱咤鼓舞して、このリーダーシップについての考察を遺すことを全力で迫ってくださった奥井真紀子さんをはじめ日経ＢＰの皆さんのご尽力なしには本書は存在し得ませんでした。また、私の新刊を楽しみにしてくださる多くの読者の皆さんの熱いご声援にいつも勇気をいただいております。私の背中を押してくださるすべての皆さんに、この場を借りまして深くお礼申し上げます。

ありがとうございました!!　皆さんの人生の夢が叶いますように！

マーケティングとエンターテイメントで、日本を元気に！

株式会社刀　代表取締役ＣＥＯ
森岡　毅

編集注釈

＊1（37ページ）　P&G…プロクター・アンド・ギャンブル・ジャパン

＊2（107ページ）　キメラやオーク…スクエアエニックスのゲーム「ドラゴンクエスト」シリーズに登場する、弱いモンスター

＊3（107ページ）　メタルスライムやはぐれメタル…同ゲームの、獲得経験値が高いモンスター

＊4（107ページ）　スライムベスやゴースト…同ゲームの、非常に弱いモンスター

＊5（162ページ）　マキアベリ…ニッコロ・マキアベリ。イタリア・フィレンツェの政治思想家

＊6（181ページ）　KOEI…コーエーテクモゲームス

＊7（187ページ）　ATフィールド…『新世紀エヴァンゲリヲン』に登場する特殊能力（バリアー）

＊8（287ページ）　タカラ…現タカラトミー

著書の紹介

キャリアをどう作っていくのか?

『苦しかったときの話をしようか
ビジネスマンの父が我が子のために
書きためた「働くことの本質」』
(ダイヤモンド社)

個人も会社も成功させる組織論

『マーケティングとは「組織革命」である。
個人も会社も劇的に成長する森岡メソッド』
(日経BP)

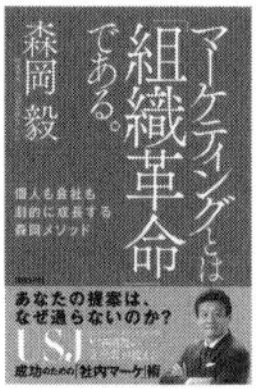

森岡毅のライフワーク「数学マーケティング」の専門書

『確率思考の戦略論
USJでも実証された数学マーケティングの力』
(KADOKAWA)

最も本質的でわかりやすいマーケティング入門書

『USJを劇的に変えた、たった1つの考え方
成功を引き寄せるマーケティング入門』
(KADOKAWA)

革新的アイデアを生み出す方法論　USJのV字回復の軌跡

『USJのジェットコースターは
なぜ後ろ向きに走ったのか?』
(KADOKAWA)

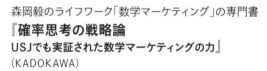

著者略歴

森岡 毅　TSUYOSHI MORIOKA

戦略家・マーケター

高等数学を用いた独自の戦略理論、革新的なアイデアを生み出すノウハウ、マーケティング理論等、一連の暗黙知であったマーケティングノウハウを形式知化し「森岡メソッド」を開発。経営危機にあったUSJに導入し、僅か数年で劇的に経営再建した。

1972年生まれ。神戸大学経営学部卒業後、1996年P&G入社。ブランドマネージャーとして日本ヴィダルサスーンの黄金期を築いた後、2004年P&G世界本社（米国シンシナティ）へ転籍、北米パンテーンのブランドマネージャー、ヘアケアカテゴリー アソシエイトマーケティングディレクター、ウエラジャパン副代表を経て、2010年にUSJ入社。2012年、同社CMO（チーフ・マーケティング・オフィサー）、執行役員、マーケティング本部長。USJ再建の使命完了後、2017年、マーケティング精鋭集団「株式会社刀」を設立。「マーケティングとエンターテイメントで日本を元気に」という大義の下、数々のプロジェクトを推進。刀の精鋭チームを率いて、USJ時代に断念した沖縄テーマパーク構想に再び着手し注目を集める。また、破綻した旧グリーンピア三木（現ネスタリゾート神戸）を僅か1年でV字回復させるなど、早くも抜群の実績を上げている。

誰もが人を動かせる!

あなたの人生を変えるリーダーシップ革命

2020年12月14日　第1版第1刷発行
2024年10月15日　第1版第9刷発行

著　者　森岡 毅
発行者　佐藤 央明
編　集　奥井 真紀子（編集プロデューサー）
　　　　伊藤 健（日経トレンディ）
発　行　株式会社日経BP
発　売　株式会社日経BPマーケティング
　　　　〒105-8308　東京都港区虎ノ門4-3-12
　　　　https://www.nikkeibp.co.jp/books/
装　丁　小口 翔平＋加瀬 梓（tobufune）
制　作　關根 和彦（QuomodoDESIGN）
印刷・製本　大日本印刷株式会社

ISBN978-4-296-10800-8
Printed in Japan